rowohlts
monographien
herausgegeben
von
Kurt Kusenberg

Homer

in Selbstzeugnissen
und Bilddokumenten
dargestellt von
Herbert Bannert

rororo bildmonographien

Rowohlt

Dieser Band wurde eigens für «rowohlts monographien» geschrieben
Den Anhang besorgte der Autor
Herausgeber: Kurt Kusenberg · Redaktion: Beate Möhring
Umschlagentwurf: Werner Rebhuhn
Vorderseite: Homer. Neapel, Museo Nazionale
Rückseite: Achill verbindet Patroklos (Ausschnitt). Schale des Sosias (Antikenmuseum, Staatliche Museen Preußischer Kulturbesitz, Berlin-West)

Veröffentlicht im Rowohlt Taschenbuch Verlag GmbH,
Reinbek bei Hamburg, Januar 1979

Satz Times (Linotron 505 C)
Gesamtherstellung Clausen & Bosse, Leck
Printed in Germany
680-ISBN 3 499 50272 0

Inhalt

Homer (Replik des sog. Hellenistischen Blinden-Typus, um 100 v. Chr.). 2. Jh. n. Chr. Boston, Museum of Fine Arts. – Über die Sitte, Idealbüsten der Dichter in den Bibliotheken aufzustellen, sagt Plinius der Ältere: «Unsere Wünsche schaffen nichtüberlieferte Gesichtszüge, wie es bei Homer geschah.» (nat. hist. XXXV 11)

Einleitung: Die Welt des Epos

«Mein Vater, darauf bedacht, daß ich ein tüchtiger Mann würde, zwang mich, alle Gedichte Homers auswendig zu lernen: und jetzt könnte ich die ganze Ilias und die Odyssee aus dem Gedächtnis hersagen», und: «Ihr wißt ja sicher, daß der so überaus weise Homer beinahe über alle den Menschen betreffende Angelegenheiten gedichtet hat. Wer nun von euch ein guter Hausverwalter oder Volksredner oder Feldherr werden will oder ähnlich einem Achilleus oder Aias oder Nestor oder Odysseus, der halte sich an mich. Denn ich verstehe das alles.» Diese Worte läßt Xenophon den Athener Nikeratos bei einem Gastmahl (Symposion) sprechen, in dessen Verlauf die Tischgespräche im Beisein des Sokrates zum Teil Homer-Problemen gewidmet sind.[1*] Eine so umfassende Bedeutung für fast alle Dinge des Lebens wird freilich einem Mann zugeschrieben, von dem damals wie heute nur sehr wenig bekannt ist. Denn bei Homer versagen alle herkömmlichen Methoden der Literaturbetrachtung. Über die Person des Autors und seine Weltanschauung können wir schlechterdings nichts aussagen, und über sein Verhältnis zu dem von ihm geschaffenen Werk zu sprechen ist fast ausgeschlossen; wissen wir doch nicht einmal, wieviel des Überlieferten auf Homer zurückgeht, oder, genauer gesagt, wir wissen sehr gut, daß vieles des Vorhandenen sicher nicht Homer zum Autor hat.

Die Probleme freilich, die sich schon beim Nennen des Namens Homer stellen, sind nicht neu. Schon die Literaturwissenschaftler des Altertums, die Homer-Erklärer und Grammatiker wenige Jahrhunderte nach der – wieder nicht sicher bestimmbaren – Lebenszeit Homers, vor allem aber die großen Gelehrten der hellenistischen Epoche in Alexandria, wie Aristarchos von Samothrake, der bedeutendste und wirkungsreichste Homer-Philologe, Aristophanes von Byzanz und andere, sahen sich mit diesen Problemen konfrontiert. Es war und ist vor allem e i n e Frage, die seit zwei Jahrtausenden die Gelehrten beschäftigt: wie ist es zu erklären, daß so viele Unstimmigkeiten entstehen konnten, daß zwei in ihrem Inhalt und ihrer ganzen poetischen Gestalt so differierende Epen von ein und demselben Mann verfaßt sein sollten? Kein Wunder, daß sich hier schon bald eine Scheidung anbahnte. Es war gewiß revolutionär, als einige Vertreter der alexandrinischen Schule zu der Überzeugung kamen, es seien zwei verschiedene Dichter anzunehmen, genauer: die *Odyssee* könne auf Grund der stilistischen, inhaltlichen, dichterischen Unterschie-

* Die hochgestellten Ziffern verweisen auf die Anmerkungen S. 133f.

de, auf Grund der völlig anderen, von der *Ilias* in sehr vielem verschiedenen Welt, in die wir mit dem Gedicht eintreten, nicht von demselben Dichter verfaßt sein, sondern sie müsse von einem anderen, jüngeren Künstler stammen, dessen Lebensart und Umwelt sich von der des *Ilias*-Dichters in vielem grundlegend unterscheidet. Nicht nur äußerliche Kriterien berechtigen zu diesem Schluß, sondern auch die Beobachtung der inneren Gestaltung des Epos, der Weltsicht des Dichters, den, abgesehen zunächst von dem gegenüber der *Ilias* völlig anderen Inhalt des Gedichts, auch im einzelnen ganz andere Dinge besonders interessieren.

Jeder Leser bemerkt sehr bald, daß in der *Odyssee* die sogenannten kleinen Dinge, die Umwelt der handelnden Personen, mit großer Sorgfalt und Liebe, aber auch mit großem, dichterischem Geschick geschildert sind. Von Fährnissen ist hier die Rede, die dem Menschen begegnen können, wie zum Beispiel die kleine Episode, in der Odysseus, der sich unerkannt als Bettler dem Gehöft des Schweinehirten Eumaios nähert, von den vier Hunden, die zur Bewachung vor den Schweinekoben lagern, angefallen und nur durch das Eingreifen des Eumaios gerettet wird: *Auf einmal sahen die Hunde, deren Art es ist zu bellen, den Odysseus. Da gaben sie Laut und liefen hinzu. Jedoch Odysseus setzte sich nieder mit Bedacht, und es fiel ihm der Stab aus der Hand. Da hätte er bei seinem eigenen Gehöft wohl unwürdigen Schmerz erlitten, allein der Sauhirt war schleunigst hinterdrein mit schnellen Füßen, lief durch die Vorhalle, und das Leder fiel ihm aus der Hand. Er rief die Hunde an, verscheuchte sie mit häufigen Steinen, den einen hier-, den andern dorthin, und sagte zu dem Herrn: «Alter! da hätten dich, wenig gefehlt, die Hunde mit eins zerrissen, und du hättest Schande über mich ausgegossen!»* (Od. 14, 29–38)*

Dieser kurzen Episode, die in ihrer poetischen Funktion die Aufgabe hat, die Ankunft des Odysseus bei seinem Verwalter zu präludieren, und das erste Zusammentreffen des lange Abwesenden mit einem Mann aus Ithaka aufzuschieben, eignet zusätzlich noch ein Moment der Spannung, das vom Leser ganz konkret empfunden wird, besonders deshalb, weil die Situation so aus dem Alltäglichen gegriffen ist. Wer jemals bei der Annäherung an ein Anwesen plötzlich in ein Rudel Hunde geraten ist – in Griechenland eine alltägliche Situation! –, wird das Geschehen fast körperlich empfinden.

Ein anderes, sehr originelles Beispiel für das, was wir unter den kleinen Dingen verstehen: an vier Stellen der *Odyssee* spricht Odysseus von den Unannehmlichkeiten, die der böse, knurrende Magen bereiten kann, der immer nur verlangt, daß man ihn fülle, und der die Menschen zwingt, zu betteln oder andere erniedrigende Tätigkeiten auf sich zu nehmen. So, als er gleich nach seiner Ankunft bei den Phäaken darauf hinweist, daß er hungrig ist: *Doch laßt mich denn das Nachtmahl nehmen, so bekümmert*

* Den Zitaten aus *Ilias, Odyssee* und dem «Certamen Homeri et Hesiodi» wurden (mit gelegentlichen Änderungen) die Übertragungen von Wolfgang Schadewaldt zugrunde gelegt. Alle anderen Übersetzungen stammen, soweit nicht besonders gekennzeichnet, vom Autor. – Römische Ziffern verweisen auf die Gesänge der *Ilias*, arabische auf die der *Odyssee.*

Ithaka. Bucht von Vathy

ich auch bin. Denn da ist sonst nichts Hündischeres außer dem bösen Magen, der da treibt, daß man seiner notgedrungen gedenke, und wenn man noch so sehr erschöpft ist und Jammer in dem Herzen hat. (Od. 7, 215–221) Die übrigen drei Bemerkungen macht Odysseus als Bettler, wobei er gleichzeitig das Wesen des Bettlers aufzeigt, der durch den Magen gezwungen wird, sich zu erniedrigen. Als Eumaios verlegen durchblicken läßt, daß es nicht günstig wäre, sogleich die Aufmerksamkeit der groben und ungezügelten Freier auf sich zu lenken, antwortet Odysseus: *«Ich sehe, weiß es, habe begriffen, was du von mir forderst! Doch gehe voraus, ich bleibe hier zurück, denn ich bin nicht unbekannt mit Schlägen oder Würfen. Mein Herz ist standhaft, da ich viel Schlimmes erlitten habe auf den Wogen und im Kriege. Möge nach diesem denn auch das geschehen! Den Magen freilich kann man nicht verhehlen, wenn er Verlangen hat, der verderbliche! der den Menschen viel Schlimmes schafft, um dessentwillen auch gutgejochte Schiffe ausgerüstet werden, daß sie über das unfruchtbare Meer den Feinden Böses bringen.»* (Od. 17, 281–289) Sogar die Ursachen von Eroberungskriegen und Beutezügen werden hier in schöner Vereinfachung auf den hungrigen Magen der Menschen zurückgeführt.[2]

Eine Bemerkung des Dichters, die seinen ausgeprägten Sinn für die Darstellung kleiner, aber wichtiger Dinge zeigt, findet sich in den Erzählungen des Menelaos, der über Eidothea, die Tochter des Meergreises Proteus, an diesen selbst herankommt, um das eigene Schicksal und das der anderen Trojakämpfer zu erfahren. Bedauerlicherweise kann man des Meeresalten aber nur mit Hilfe einer List habhaft werden. Da dieser nämlich täglich seine am Meeresstrand liegenden Robben zu zählen pflegt, wurden Menelaos und seine Begleiter von Eidothea mit frisch abgehäuteten Robbenfellen versorgt, in die eingehüllt sie sich auf den Strand legen: *Unterdessen war jene in die breite Mulde der See getaucht und hatte vier Felle von Robben aus dem Meer geholt – alle waren frisch abgezogen –, und sie war bedacht auf den Anschlag gegen den Vater, höhlte Lagerstätten im Meeressande aus und saß und wartete. Da kamen wir ganz nahe zu ihr heran und sie bettete uns der Reihe nach und warf über jeden ein Fell. Da wäre es die fürchterlichste Lauer geworden, denn fürchterlich zerrieb uns der höchst verderbliche Geruch von den im Salzmeer aufgenährten Robben. Wer möchte sich bei einem Meeresungeheuer schlafen legen? Jedoch sie rettete uns und ersann eine große Hilfe, brachte Ambrosia herbei und tat sie, die gar angenehm duftende, einem jeden unter die Nase und vernichtete den Geruch des Ungeheuers.* (Od. 4, 435–446)

Dagegen steht die große, adelige Welt der *Ilias*. Hier wird von Königen berichtet, von Heerführern, deren Stolz und deren verletzte Ehre zu großem Unheil und Leid für die namenlose Menge der Krieger führen kann. Im Kampf Ehre zu gewinnen ist die Erfüllung; wer sich dagegen auflehnt – kaum einer kommt überhaupt auf eine derartige Idee! –, wird kalt und grob zurechtgewiesen. So ergeht es dem auffahrenden Thersites, dessen demagogische Rede im zweiten Gesang der *Ilias* unmittelbar auf das Eingreifen des Odysseus folgt, der mit Hilfe der Athene gerade die Situation gerettet hat. Dieselben Männer, die, am Ende des neunten Kriegsjahres, eben noch bereit waren, den zur Heimkehr auffordernden Worten der (bestellten) Aufwiegler willig Folge zu leisten, verurteilen nun, nach der Zurechtweisung durch Odysseus, ganz entschieden Thersites' Ansichten und sind nur zu gerne der Meinung, seine Bestrafung sei völlig zu Recht erfolgt. Daß sie dabei übersehen, wie sehr Thersites ihnen eigentlich aus der Seele geredet hat, kommt nicht zur Sprache. Ja, von vornherein wird der Mann schon durch seine Vorstellung – er ist ganz besonders abstoßend häßlich und hat eine quäkende Stimme etc. – als wenig sympathisch gezeichnet und die allgemeine Ablehnung damit psychologisch begründet: die rechte Meinung gibt in diesem Fall die Mehrheit an; für einen, der es wagt, die adeligen Normen zu sprengen, ist kein Platz. Man wird den Thersites nicht unbedingt als Pazifisten ansprechen, aber gerade die eklatanten Übereinstimmungen mancher seiner Vorwürfe gegen die Könige mit der eben noch von allen Männern repräsentierten und geteilten Stimmung muß doch zu denken geben. Der Dichter führt die Episode gerade an dieser Stelle, nach der Erprobung der Kampfeslust und der großen Aufzählung der achaischen Kontingente, natürlich mit der Absicht ein, zu zeigen, daß der Kampf unabwendbar ist und daß einer, der dies in Frage zu stellen wagt, stellvertretend für alle seine Zurechtweisung erhält.

Sehr eindrucksvoll läßt sich der Unterschied zwischen den beiden Dichtungen auch an der Auffassung von den Göttern und von der Stellung des Menschen zu den Göttern aufzeigen. Dabei ist nicht unbedingt an einen Wandel des Götterbildes zu denken, sondern wieder können wir eine ganz andere Einstellung der handelnden Personen und hinter diesen des Dichters konstatieren. Zwar ist auch in der *Odyssee* die Familie der

Attische Grabamphore des geometrischen Stils vom Dipylon (Kerameikos). Unten: Aufbahrung und Totenklage (Ausschnitt). Um 800 v. Chr. Athen, Nationalmuseum

Olympier intakt, und die Götter sind als den Menschen übergeordnete, ihnen ähnliche und doch von ihnen ganz verschiedene Wesen dargestellt. Bei genauer Betrachtung jedoch ergeben sich seltsame, nach zwei Seiten hin auseinanderstrebende Unterschiede. Da fällt einmal auf, daß die lockere Zeichnung von Göttern, die streiten, ja sogar miteinander raufen, aufeinander eifersüchtig sind, völlig geschwunden ist. Den einzigen Hinweis auf diese iliadische Sicht bietet uns in der *Odyssee* das zweite Lied des Sängers der Phaiaken, Demodokos: in ihm wird der großartige Spaß beschrieben, den die Götter hatten, als ihnen von Hephaistos Ares und Aphrodite, beim Liebesakt in flagranti ertappt, vorgeführt wurden. Doch das ist eine Ausnahme; die Erzählung wird in einem Lied vorgetragen und ist dadurch aus der Handlung und der Welt des Gedichts herausgehoben. Eine gewisse Distanz ist eindeutig gegeben: das Übersteigert-Menschliche der Götter ist nicht vorhanden. Auf der anderen Seite sehen wir aber in der *Odyssee* eine Vertrautheit von Mensch und Gott, die für die *Ilias* undenkbar ist. Verwiesen sei besonders auf die Szene, als Odysseus und Athene, nach der Heimkehr des Helden von seiner Irrfahrt, zur Klärung der Lage einträchtig unter einem Ölbaum am Strande sitzen und beratschlagen: *Und sie setzten sich beide an den Stamm des heiligen Ölbaums und erwogen den übermütigen Freiern das Verderben.* (Od. 13, 370–372) Der Unterschied zwischen der Athene der *Ilias* und der Athene der *Odyssee* wird offenbar, wenn man diese Begegnung vergleicht mit der kalten Berechnung, mit der die Göttin Hektor in der Gestalt des Deiphobos zuerst zum Kampf mit Achilleus ermuntert und ihn, als er seine Lanze verschossen hat und sich vom vermeintlichen Gefährten eine neue nehmen will, verläßt und dem Schicksal ausliefert: *So sprach er und holte aus und entsandte die langschattende Lanze und traf den Peleus-Sohn mitten auf den Schild und fehlte nicht, daß ihm das schnelle Geschoß umsonst aus der Hand entflohen war, und stand betroffen, denn er hatte keine andere Eschenlanze. Und Deiphobos rief er, den weißbeschildeten, laut schreiend, und forderte von ihm den langen Speer; doch der war nicht in seiner Nähe. Da erkannte es Hektor in seinem Sinn und sprach es aus: «Nein doch! da haben mich wahrhaftig die Götter zum Tod gerufen! Denn ich dachte, Deiphobos, der Held, sei bei mir, doch der ist innerhalb der Mauer, und mich hat Athene betrogen! Jetzt ist mir nah der Tod, der schlimme, und nicht mehr fern, und kein Entrinnen!»* (Il. XXII 289–301)

Abgesehen von dem obersten Ratschluß des Zeus und der damit verbundenen Abhängigkeit von den Göttern ist zu erkennen, daß die Menschen in der *Odyssee* in weit höherem Maße als in der *Ilias* ihr Schicksal selbst bestimmen. Weder der Zorn des Peliden Achilleus noch überhaupt die Entführung der Helena aus Sparta und die Liebe zu Paris wären, vom Menschen aus gesehen, in irgendeiner Weise abwendbar oder zu verhindern gewesen: die Götter haben es gewollt, der Wille der Götter geht in den Menschen zu einem Gutteil auf, wird von ihnen vollzogen. Wenn der Mensch der *Ilias* in Einzelbereichen auch selbst entscheiden kann, so sind die großen, verhängnisvollen Linien doch von den Göttern vorgezeichnet. Für die *Odyssee* trifft das nicht so streng zu. Freilich, die große Linie, die Heimkehr des Odysseus an sich, ist von den Göttern gewollt. Das Handeln im einzelnen aber geht doch wesentlich auch vom Menschen aus. Die

Verblendung (átē) des Agamemnon kommt von den Göttern, der Wahnwitz der Freier, der sie ungebührlich handeln läßt, entspringt aus ihnen selbst. Ein großer Teil der Irrfahrten des Odysseus ist nicht durch die Götter willkürlich bestimmt, sondern dem Willen der Menschen entsprungen. Den Zorn des Poseidon hat Odysseus selbst ausgelöst, als er aus Neugierde die Insel des Kyklopen besuchte und dort in eine mißliche Lage geriet, und der Untergang der Gefährten erfolgt, weil sie aus freiem Antrieb, aus Neid und Mißgunst gegen Odysseus zuerst den Sack mit den Winden öffnen und letztlich aus Uneinsichtigkeit – trotz mehrfacher Warnung – die Rinder des Helios schlachten. In diesem Zusammenhang sei darauf hingewiesen, daß in der *Odyssee* an mehreren Stellen ausdrücklich gefragt wird, ob der Impuls zum Handeln dem Menschen selbst gekommen sei oder ob ein Gott ihn eingegeben habe. So zum Beispiel als Penelope vom Herold Medon wissen will, was ihrem Sohn in den Sinn gekommen wäre, daß er sich mit dem Schiff auf die Reise nach Pylos machte. Medon antwortet darauf: *«Ich weiß nicht, hat ihn ein Gott erregt*

Götterversammlung. V. l . n. r.: Poseidon, Apollon, Artemis. Ostseite des Parthenonfrieses. Um 440 v. Chr. (Werk des Phidias oder seines Schülers Alkamenes) Athen, Akropolismuseum

oder drängte sein eigener Mut darauf, nach Pylos zu gehen, damit er Kunde einholte von seinem Vater: entweder seine Heimkehr oder welch einem Schicksal er gefolgt ist» (Od. 4, 712–714) Ganz ähnlich äußert sich später der Sauhirt Eumaios über diesen Einfall des jungen Mannes: *«Jetzt aber klage ich unaufhörlich um den Sohn, den Odysseus gezeugt hat, nachdem ihn die Götter aufgezogen wie einen jungen Baum und ich meinte, daß er unter den Männern nicht geringer sein werde als sein eigener Vater: staunenswert an Gestalt und Ansehen – da hat ihm einer der Unsterblichen oder auch einer von den Menschen die Sinne beschädigt in dem Inneren, die ausgeglichenen, und er ist auf Kunde nach dem Vater gegangen in die heilige Pylos, und die erlauchten Freier lauern auf ihn, wenn er nach Hause kehrt.»* (Od. 14, 174–181)

Auch in der kurzen Rede des Freiers Amphinomos, der als erster das in den Hafen einlaufende Schiff sieht und die anderen darauf hinweist, daß es nun nicht mehr nötig ist, ihren bei der Insel Asteris auf Telemachos lauernden Freunden die Botschaft bringen zu lassen, dieser sei schon früher an Land gegangen und die Aktion müsse abgebrochen werden, kommt das zum Ausdruck: *«Schicken wir keine Botschaft mehr! Ob nun der Götter einer ihnen dies gesagt hat, oder sie haben es selbst gesehen, wie das Schiff vorbeifuhr, konnten es aber nicht erreichen.»* (Od. 16, 355–357) Es ist in der *Odyssee* also nicht immer ganz selbstverständlich, daß eine Idee, ein Gedanke von einem Gott eingegeben wird, sondern es wird die Möglichkeit angedeutet, daß auch den Menschen selbst ein solcher Impuls entspringen kann. An den zitierten Stellen reflektieren Menschen über ihr eigenes Verhalten, und sprechen aus, daß sie nicht unbedingt nur von Göttern zum Handeln veranlaßt werden. Nichts dergleichen findet sich hingegen in der *Ilias*. An einer einzigen Stelle vielleicht eine Andeutung, aber dort ist es die Vermittlung eines Sehers, die dem Menschen Götterwissen zugänglich machen kann: Andromache bittet Hektor vor seinem Auszug in die Schlacht, bei ihr zu bleiben und die Stadt von innen zu verteidigen: *«Stelle das Volk beim Feigenbaum auf, wo am leichtesten ist ersteigbar die Stadt und berennbar die Mauer. Dreimal kamen dort schon und versuchten es die Besten um die beiden Aias und den hochberühmten Idomeneus und um die Atreus-Söhne und den streitbaren Sohn des Tydeus: Ob es ihnen einer gesagt hat, der die Göttersprüche gut weiß, oder wohl auch ihr eigener Mut sie treibt und anweist.»* (Il. VI 433–439)

So können wir also festhalten, daß sich auch in diesem Bereich die Welt der *Odyssee* von der der *Ilias* unterscheidet: der Mensch beginnt, über seine Entscheidungen nachzudenken. Er bestimmt nicht nur sein Schicksal selbst, er ist sich dessen nunmehr auch bewußt.

Ungereimtheiten, Fehler, Kritik

Auch dem unbefangenen Leser fallen bei der Lektüre der homerischen Gedichte sehr bald eine ganze Reihe von nicht nur sachlichen Unstimmigkeiten, ja zum Teil schwere Versehen ins Auge. Es ist daher wenig verwunderlich, daß den Philologen in mehr als 2700 Jahren intensiver Beschäftigung mit dem Text eine erhebliche Anzahl von Ungereimtheiten und Fehlern nicht entgehen konnte, noch dazu, wenn sie sich, wie etwa die alexandrinischen Gelehrten, berufsmäßig ausschließlich mit den homerischen Epen befaßten. Gewiß, man darf einer so großen und umfangreichen Dichtung nicht kleinlich logische Inkonsequenzen nachrechnen; über manches kann man freilich nur schwer hinwegsehen.

Nehmen wir den am meisten beanstandeten Fehler vorweg: Il. V 576, in der ersten großen Schlacht, wird der Paphlagonenkönig Pylaimenes von Menelaos getötet – und XIII 658 verläßt er Tränen vergießend das Schlachtfeld neben dem Wagen mit der Leiche seines Sohnes Harpalion. Niemand wird bestreiten, daß hier ein Fehler vorliegt, und schon Horaz hatte solches im Auge, wenn er entschuldigend sagt: «Ich ärgere mich, so oft der untadelige Homer einschläft; aber bei einem so langen Werk ist es recht und billig, wenn einen der Schlaf übermannt!»[3] Für uns ist dieser Verstoß bestenfalls ein Beweis, daß sich bei einer ursprünglich mündlich komponierten Dichtung, auch wenn die Gesänge schließlich niedergeschrieben wurden – über das Problem der «oral poetry» ist noch zu sprechen –, in weit geringerem Maße die Notwendigkeit und das Bedürfnis nach Kontrolle ergibt. In den perfekten Romanen eines Heimito von Doderer, deren Handlungsgefüge vom Autor auf dem Reißbrett entworfen und mehrfach schematisch veranschaulicht wurde, könnte derlei nicht geschehen. Und trotzdem sind auch schriftlich komponierenden Dichtern ähnliche Fehler unterlaufen. Hingewiesen wird in diesem Zusammenhang von den Verteidigern Homers mit vollem Recht auf Ariosto, in dessen «Orlando Furioso» Ballustrio getötet wird, später aber wieder auftritt[4], oder auf William Thackerays «The Newcomers», wo ganz ähnliche Versehen stehengeblieben sind. Und auch im Kalewala-Epos, das der finnische Arzt Dr. Elias Lönnrot zwischen 1825 und 1835 aus verschiedener Volksüberlieferung zusammengestellt hat, wird beispielsweise Kalewa, Kullerwos Vater, vor der Geburt des Sohnes getötet, doch wenig später impliziert die Erzählung, daß beide Eltern noch am Leben sind.[5] Diese Beispiele mögen genügen, um vor einer Überbewertung solcher Fehler zu warnen.

Ein zweiter, schwerer Fehler findet sich in *Ilias* IX, der Presbeia, der

Gesandtschaft der Achaier zu Achilleus, an der Aias, Phoinix und Odysseus teilnehmen (IX 167–170, Nestor spricht: *«Oder auf! ich will sie aussuchen, und die mögen folgen. Phoinix soll zu allererst, der zeusgeliebte, vorangehen, alsdann aber Aias, der große, und der göttliche Odysseus, und von Herolden sollen Odios und Eurybates mitgehen.»*). Doch wenig später (182–198) werden nur zwei Personen als Gesandte aufgeführt, da hier mehrmals der Dual, die im Griechischen noch vorhandene, alte indogermanische Zweizahl, verwendet wird: *Und die beiden schritten hin das Ufer entlang des vieltosenden Meeres und beteten sehr viel zu dem Erdbeweger, dem Erderschütterer, daß sie leicht bereden möchten den großen Sinn des Aiakiden. Und sie gelangten zu den Lagerhütten und Schiffen der Myrmidonen und fanden ihn, wie er seinen Sinn erfreute mit der hellstimmigen Leier, der schönen, kunstreichen, und ein silberner Steg war auf ihr. Die hatte er genommen aus der Beute, als er die Stadt des Eëtion zerstörte. Mit dieser erfreute er seinen Mut und sang den Ruhm der Männer. Patroklos aber saß ihm gegenüber, allein, in Schweigen, und wartete, wann der Aiakide aufhörte mit dem Singen. Die (beiden) aber kamen näher, und voran schritt der göttliche Odysseus. Und sie traten vor ihn, und staunend sprang auf Achilleus mitsamt der Leier, und verließ den Sitz, wo er gesessen. Und ebenso stand Patroklos auf, als er die Männer sah. Und den beiden den Willkomm bietend sagte der fußschnelle Achilleus: «Freut euch, ihr zwei! Ja, als Freunde kommt ihr (beide)! Ja, sehr bedurfte es dessen! Die ihr (zwei), so erbittert ich bin, mir die liebsten sein sollt der Achaier!»*

Es liegt auf der Hand, daß solche Unklarheiten der Analyse gelegen kommen. Man vermutete denn auch, daß einer der drei, am ehesten Phoinix, zur Erhöhung der Wirkung erst nachträglich, eben vom Dichter der *Ilias*, in ein schon vorhandenes Dichtungsstück über eine Zweiergesandtschaft eingefügt worden sei. Diese Erklärung hält freilich einer strengen Prüfung nicht stand: Gerade Phoinix, der alte Erzieher des Achilleus, hat in der Presbeia eine tragende Rolle, wie ja auch seine Rede die längste ist und, mit mythologischen Beispielen untermauert, den Mittelteil der Aufforderung an Achill bildet. Phoinix ist in das Geschehen so eingebunden, daß man ihn sich nicht wegdenken kann. Eine eher angehende Erklärung legt vielleicht Vers 192 – *die (beiden) aber kamen näher, und voran schritt der göttliche Odysseus* – nahe, aus dem offenbar hervorgeht, daß Aias und Phoinix die eigentlichen Gesandten waren, Odysseus aber – wegen seines Ideenreichtums – zur Verstärkung mitgeschickt wurde. Oder hielt sich Phoinix, der ja nicht mehr mit den anderen zurückkehrt, sondern bei den Myrmidonen bleibt (621, 659f), nur vorübergehend zur Besprechung im Lager der Achaier auf, so daß er eigentlich nicht zur Gesandtschaft der Achaier zu rechnen ist und sich die Duale also doch auf Odysseus und Aias beziehen? Eine überzeugende Lösung für dieses Problem konnte jedenfalls von der Forschung noch nicht gefunden werden.

Doch auch andere mehr oder weniger auffällige Widersprüche begegnen in den Epen. Was soll man beim Anlegen von logischen Maßstäben etwa davon halten, daß Achilleus XVIII 334f ausruft, er werde Hektor enthaupten, während es XXII 395f heißt, er ersann dem göttlichen Hek-

Homer (Replik des sog. Apollonios-Typus, um 300 v. Chr.).
Ende 2. Jh. v. Chr. München, Residenz

Kopf eines Kriegers mit mykenischem Eberzahnhelm. Mykene, 13. Jh. v. Chr. Athen, Nationalmuseum

tor, genauer dessen Leichnam, schmachvolle Dinge, durchbohrte ihm die Sehnen, band ihn an den Wagen und ließ den Kopf nachschleifen. XXIII 20f will er ihn gar *roh den Hunden zu fressen geben*? Nun, hier wird man einwenden, das sei in höchster Erregung gesprochen, und die Aussagen seien nur allgemein Ausdruck einer schmachvollen Behandlung noch des toten Feindes.

Auch sachliche Anstöße geben zu denken. Odysseus trägt in der Dolonie, im 10. Gesang der *Ilias*, die sicher ein später Zusatz ist und auf Grund vieler Einzelbeobachtungen dem *Ilias*-Dichter abgesprochen wird, eine besonders altertümliche Kopfbedeckung, den Eberzahnhelm, der nur vor 1300 in Gebrauch gewesen war (X 261–265). In demselben, jungen Gesang findet sich überdies noch ein besonders altertümliches äolisches Wort (X 65)! Oder: II 45 ist Agamemnons Schwert silberbeschlagen, XI 29–30 aber goldverziert. XXI 17 dringt Achill in die Reihen der Troer ein und läßt seinen Speer an einer Tamariske am Ufer lehnen, um nur sein

Schwert zu benützen – XXI 67 hat er den Speer wieder in der Hand (ganz ähnlich verhält es sich mit Hektors Schild, XXII 97 und 111). Im 7. Gesang der *Odyssee* klagt Odysseus, daß er hungrig ist (215), dem Leser entgeht es aber nicht, daß er gerade gegessen hat (177). 1, 127–128 kommt Athene in Gestalt des Mentes nach Ithaka, betritt den Palast und Telemachos stellt ihren Speer in den Speerständer, wo auch andere Speere stehen (durch diese Beifügung wird die kleine Szene plastisch gestaltet); als sie später, einem Vogel ähnlich, plötzlich verschwunden ist, bleibt der Speer zurück. Als Kalypso von Hermes erfahren hat, daß Odysseus sie verlassen wird (5, 203f, 225–227), nimmt sie von ihm in rührenden Worten Abschied, und er antwortet mit freundlicher Höflichkeit. In Wirklichkeit verläßt er sie erst vier Tage später, da er ja sein Floß bauen muß, und die Zwischenzeit verbringen sie natürlich miteinander. Im 11. Gesang der *Odyssee*, in der Nekyia, spricht Odysseus' Mutter Antikleia, als sie ihrem Sohn über seine Heimat erzählt, von Telemachos als jungem Mann, obwohl, logisch betrachtet, Telemachos zu diesem Zeitpunkt, vor dem achtjährigen Aufenthalt des Odysseus bei Kalypso, ein Knabe gewesen sein muß. Selbstverständlich wird dieser Umstand vom Dichter bewußt nicht berücksichtigt: dem Zuhörer ist Telemachos als junger Mann vertraut; diesen Eindruck zu zerstören, würde der Dichtung nur Abbruch tun, da das Alter an sich für die Handlung belanglos ist. – Zu Beginn des zweiten Gesangs der *Odyssee* steht in der Versammlung der Ithakesier der alte Aigyptios auf, um zu fragen, wer denn die Versammlung einberu-

Die Presbeia. Odysseus versucht, den grollenden Achilleus (beide sitzend) zur Rückkehr in den Kampf zu bewegen. Hinter Odysseus an der Wand hängend der Reisehut (Petasos); oben die Waffen des Achilleus: Schild, Schwert und – ungewöhnlicherweise – ein Bogen. Attischer Krater. Um 470 v. Chr. Paris, Louvre

fen habe. Von Aigyptios ist ausgesagt, daß *auch sein Sohn zusammen mit dem gottgleichen Odysseus in den hohlen Schiffen in das rossegute Ilion gegangen war: Antiphos, der Lanzenkämpfer; den hatte der wilde Kyklop getötet in der gewölbten Höhle und sich ihn als letzten zum Mahle bereitet* (17–20) – ein schwerer Fehler, denn niemand auf Ithaka wußte ja zu diesem Zeitpunkt etwas von Odysseus, geschweige denn von dem Kyklopenabenteuer! Hier spricht der Dichter selbst, der einerseits zurückverweist auf die Rede des Zeus am Beginn des Gedichtes (1, 68f), andererseits zugleich einen Hinweis gibt auf das Folgende.

Schließlich sei noch auf das Problem der Mauer hingewiesen, die in der *Ilias* das Schiffslager der Achaier umgibt und deren Dasein und Nichtdasein den Analytikern vorzügliche Angriffspunkte bietet. VII 435 wird der Bau der Mauer beschrieben, XIV 31 scheint sie aber schon seit Beginn des Krieges zu existieren; XII 10–33 bleibt sie bis zum Ende der Kämpfe unbeschädigt, XV 361f wird sie aber von Apollon zerstört, *sehr leicht, wie ein Kind den Sand nahe am Meer, das, wenn es sich Spielwerke gebaut mit kindischem Sinn, sie wieder zusammenwarf mit Füßen und Händen, spielend.* Darüber hinaus fällt der Eifer auf, mit dem der Dichter zu begründen versucht, warum es keine Reste dieser Mauer mehr gibt in der Ebene des Skamander (XIV 9). Viele Erklärungen wurden versucht, wie etwa die, daß Apollon nicht die ganze Mauer zerstöre, sondern nur den Teil, wo er kämpft, und daß das Vorhandensein bzw. Fehlen der Mauer in XIV und XV dadurch zu erklären sei, daß eben das, was gerade für die Handlung wichtig ist, erwähnt werde. Es wurde auch vorgeschlagen, die Mauer überhaupt als eine Erfindung des *Ilias*-Dichters zu betrachten, die nur ungelenk in die Handlung eingebaut ist.

Freilich, alle diese Anstöße ergeben letztlich nicht mehr als die Feststellung, daß in Dichtungen wie *Ilias* und *Odyssee*, in denen so viele Komponenten zusammenspielen, mit einer gewissen Freiheit zu Werke gegangen wurde. Ein kleinlich rechnender Redaktor hätte das alles glätten, ausgleichen und verbessern können – ein Dichter wie Homer hat das nicht nötig, für ihn wie für uns zählt der poetische Plan, die durchdachte, wohlüberlegt aufgebaute Wirkung des Ganzen, nicht aber das einzelne sachliche Detail.

Mündliche Überlieferung: Lied und Sänger. Oral poetry

Einen Gutteil der eben besprochenen Fehler und scheinbaren Verstöße hat man dem von der Forschung erkannten mündlichen Charakter der Entstehung und Ausformung der homerischen Gedichte zugewiesen. Es ist heute als gesichertes Gut an Wissen um die Entwicklung der homerischen Epen zu betrachten, daß ihr Ursprung rein mündliche Dichtung gewesen ist, daß aber Homer es war, der zwei geniale Eingriffe an dem Überlieferten vornahm: Mit Hilfe der eben erst entwickelten Schrift fixierte er einen bestimmten Abschnitt der in gebundener Form mündlich überlieferten Dichtungen, und er führte, begünstigt durch diese Möglichkeit der schriftlichen Komposition, eine thematische Ausrichtung, ein Leitmotiv ein, unter das er das Geschehen stellte, und durchbrach damit den ursprünglich rein chronologisch-fortschreitenden Aufbau. Die Notwendigkeit zur Fixierung des Textes brachte der intendierte strukturell-planvolle Aufbau der Werke mit sich, die Möglichkeit dazu bot das spätestens zu Beginn des 8. Jahrhunderts v. Chr. von den Phöniziern übernommene Alphabet, dessen Verbreitung im griechischen Raum und vor allem in Kleinasien wir für die Zeit um die Mitte dieses Jahrhunderts als gesichert annehmen dürfen.[6]

Homer steht am Ende des ersten Abschnitts der Entwicklung. Er war jener Dichter, der aus den ihm vorliegenden Sagen- und Mythenkomplexen, deren Ursprünge tief in die mykenische Zeit hineinreichen und in geprägter Form wohl bis auf das 14. Jahrhundert zurückgehen, eine große, einmalige Schöpfung gemacht hat: ein nicht geringer Teil der Dichtung ist also sein eigenes Gut, und das Übernommene hat erst durch Homer Gestalt erhalten. Es wäre sonst ja unverständlich, warum von der umfangreichen epischen Tradition gerade an den Werken Homers der Name des Urhebers haftengeblieben und diese als einzige auf uns gekommen sind. Die großartige Konzeption, die Zeitabfolge zu durchbrechen und die Haupterzählung praktisch auf Nebenlinien zu verteilen, ist das zu allen Zeiten bewunderte Einmalige an Homers Dichtung.

Lied und Sänger

Das Singen von Liedern zum Klang einer Leier war von altersher üblich, und zwar nicht nur zu bestimmten Anlässen, sondern auch spontan, zur Entspannung und Ermunterung. So greift in der *Ilias* an der einzigen Stelle, an der von Gesang die Rede ist, Achilleus selbst zur Leier, um sich zu begleiten (IX 186–187). Die Vorstellung vom «historischen» Charakter der Lieder ist zu beobachten, wenn an einer anderen Stelle erwähnt ist, daß das Paris–Helena-Thema dereinst zum Lied werden wird: Helena selbst klagt vor Hektor darüber (VI 357–358). Im wesentlichen ist aber erst in der *Odyssee* der berufsmäßige Sänger eine Institution, wie Phemios auf Ithaka und Demodokos auf Scheria. Viel öfter ist im jüngeren Gedicht auch von Gesangesvortrag die Rede bzw. hören wir sogar Ausschnitte aus solchen Liedreihen (oímai), deren Vortrag je nach dem Wunsch des Publikums an einer bestimmten Stelle begonnen werden konnte.[7] Phe-

Sänger mit Leier. Amphora des Berliner-Malers. Um 500 v. Chr. New York, Sammlung Hearst

Linear A-Täfelchen aus Aghia Triada. 15. Jh. v. Chr. Die bis heute nicht entzifferte Linear A-Schrift bildet die Vorstufe der Linear B-Silbenschrift, deren Deutung 1952 Michael Ventris und John Chadwick gelungen ist

mios besingt die traurige Heimfahrt, die Athene manchen der Trojakämpfer beschieden hat (1, 326f), und später erfahren wir, daß es sich dabei um ein ganz neues Lied handelt, das mit viel Beifall aufgenommen wird (351f). Im selben Zusammenhang heißt es von Phemios, daß er *viele andere Lieder kennt* (337) – Penelope stellt klagend die Frage, warum er gerade eines singen muß, das sie traurig macht. Die Antwort darauf

Das Trojanische Pferd. Relief auf dem Halsabschnitt einer Amphora aus Mykonos. Um 670 v. Chr. Mykonos, Museum

lautet: weil es eben das neueste und daher beliebteste ist! Demodokos auf Scheria singt die Geschichte vom hölzernen Pferd[8], und es wird ausgesagt, daß dieses Lied besonders berühmt und gefragt war. Freilich darf beim Konstatieren der Unterschiede zwischen *Ilias* und *Odyssee* in dieser Hinsicht zweierlei nicht übersehen werden: der singende Achilleus der *Ilias* befindet sich im Feldlager, während die *Odyssee*-Szenen zum unterhaltsamen privaten Kreis gehören; und zweitens sind die in der *Odyssee* begegnenden «historischen» Lieder ja erst durch das in der *Ilias* berichtete Geschehen bedingt.

Doch nicht nur Aktuelles enthielten die Gesänge. Den Zug der Argonauten, der nach epischer Chronologie vor dem Trojanischen Krieg stattfand, rühmten offenbar mehrere Lieder, vielleicht auch verschiedene Fassungen eines einzigen: denn vielgerühmt heißt das Schiff Argo in der *Odyssee* (pasimélousa, 12, 70). Mythenstoff, jedoch zur Erheiterung der Zuhörer raffiniert aufbereitet, ist der Inhalt des Liedes von der Liebe zwischen Ares und Aphrodite, mit dem Demodokos zwischendurch die Phaiaken unterhält, ehe er zur Erzählung vom hölzernen Pferd zurückkehrt (Od. 8, 266–366).

Ehrfurcht und Verehrung der Menschen gilt den Sängern vor allem, weil die Muse bzw. überhaupt eine Gottheit sie ihre Liedreihen gelehrt hat.[9] Ja, ein guter Künstler scheint sehr begehrt gewesen zu sein: wie ein Arzt oder ein berühmter Baumeister konnte er sogar von auswärts berufen werden (Od. 17, 384), und die Zuhörer hatten größtes Vertrauen in den Wahrheitsgehalt der Erzählungen der Sänger.[10] Die professionellen Vortragenden waren an Fürstenhöfen fest engagiert wie die Sänger in der *Odyssee*, oder sie zogen frei umher und traten in Städten, auf Stadtplätzen und Märkten auf. Einen Sänger, der Springtänze und Reigen zur Leier begleitet, kennt schon die *Ilias* (XVIII 604f).

Ganz ähnlich, können wir annehmen, wurde mit den homerischen Gedichten selbst verfahren. Im Vortrag eroberten sie die ganze griechische Welt, und bei den jährlichen Festversammlungen der Ioner auf der Insel Delos wurden sie vollständig oder teilweise, verbunden mit Einleitungsdichtungen, Götterpreisungen wie den homerischen Hymnen, rezitiert. Einer dieser Hymnen, der auf den delischen Apollon, bringt auch das einzige Selbstzeugnis, das wir in der homerischen Dichtung besitzen (172–173). Freilich unterschied sich die Art des Vortrags in späterer Zeit grundlegend von dem, was wir eben aus den homerischen Gedichten herauslesen konnten: Phemios und Demodokos waren Aoiden, sie sangen (aeídein) zur Leier und gestalteten ihr Lied dabei frei, während die Vortragenden Rhapsoden, Rezitatoren waren, deren Vortrag ein stark rhythmisierter Singsang, aber ohne Musikbegleitung gewesen sein muß. Als Zeichen ihres Ranges trugen sie einen Stab.[11] Ein solcher Vertreter der Rhapsodenzunft wird in Platons Dialog «Ion» anschaulich vorgeführt. Und noch eines: die Rhapsoden rezitierten aus dem Gedächtnis bereits geformte Werke, sie bildeten nicht mehr selbst das Gedicht während des Vortrags. Im 6. Jahrhundert v. Chr. schließlich, zur Zeit, als in Athen die Peisistratiden herrschten, wurden die Epen beim Fest der Panathenäen vorgetragen, wobei sich zur Aufführung der vollständigen Dichtung mehrere Rhapsoden an aufeinanderfolgenden Tagen abwechselten, ein Brauch, der noch zur Zeit des Sokrates üblich war.[12]

Auf diesen Anlaß und in diese Zeit geht auch die sogenannte Peisistratische Redaktion der Gedichte zurück: Da die Epen wegen der mündlichen Vortragsweise und der folgenden schriftlichen Fixierung unabhängig voneinander, durch verschiedene Sänger in einer Vielzahl konkurrierender Fassungen vorhanden waren, sah man sich genötigt, in einem Staatsexemplar vor allem in Hinblick auf die jährlichen Aufführungen einen Normaltext herzustellen. Auf diesen Text, in den durch das Redaktorenkollegium der eine oder andere Attizismus eingedrungen ist, geht die Fassung der Gedichte zurück, die den Alexandrinern vorlag und die im wesentlichen auch wir heute noch besitzen.

Oral poetry

Eine glänzende Bestätigung der Auffassung von der mündlichen Tradierung der Dichtungen, die sich ursprünglich so, von einer Sängergeneration auf die andere übergehend, erhielten, brachten die von dem Slawisten Matthias Murko 1910 bis 1914 durchgeführten und dann mit großem Erfolg von dem Amerikaner Milman Parry und seiner Schule in der Zwischenkriegszeit fortgesetzten Feldforschungen an damals noch lebendiger serbokroatischer Volksepik («oral poetry»).[13] Viele Dinge wurden dadurch klarer, vor allem lernte man erst jetzt die Funktion der Formel, der formelhaften, oft wiederholten Wendung, der typischen Szene richtig verstehen. Eine ungefähre Vorstellung von dieser «oral poetry» geben uns die Publikationen über die Forschungen Murkos und Parrys, wobei vor allem der Umfang der Gedichte, die von den Sängern vorgetragen

Delos. Löwe von der Prozessionsstraße zum Heiligen See. Naxischer Marmor, Ende 7. Jh. v. Chr.

Homer (Replik des sog. Modena-Typus, um 430 v. Chr.). 1./2. Jh. n. Chr. (Bronze). Modena, Museo Estense

wurden, für uns von Interesse ist.[14]

Die einzelnen Lieder sind nicht sehr lang. Das gesamte Repertoire, das der Bosnier Salko Vojniković 1887 in vier Wochen diktierte, umfaßt 90 Lieder mit ca. 80000 zehnsilbigen Versen, was ungefähr 52000 homerischen Hexametern entspricht. Ein Lied mit ca. 600 Versen nach dieser Rechnung ist also einem der längeren Gesänge der *Odyssee* vergleichbar.[15] Ausnahmen sind lediglich die beiden Großkompositionen des Avdo Medjedović, aufgenommen 1934: das Lied von Smailagić Meho (ca. 12000 Verse) und das Lied von Osman Delibegović und Pavičević Luka (ca. 13000 Verse). Der damals sechzigjährige Sänger, der weder lesen noch schreiben konnte, gestaltete nach den Angaben Parrys das Gedicht während des Vortrags frei und brachte auch eine gewisse Entwicklung der Handlung zustande. Zum Vergleich: die *Ilias* hat in der uns vorliegenden Fassung 15693, die *Odyssee* 12110 Verse; das zweite Lied des Avdo entspricht also dem Umfang nach ungefähr der *Odyssee*. Freilich, in keiner Weise können es diese Gedichte mit den kunstvollen homerischen Gebilden aufnehmen, sie scheinen vielmehr einen monoton aneinanderreihenden Charakter zu haben. Bei allen bekannten Produkten der Volksepik «bleibt der Abstand von homerischer Kunst doch der entscheidende Eindruck» (Albin Lesky).[16]

Der Sänger der serbokroatischen Lieder bedient sich zur Begleitung eines einsaitigen, mandolinenartigen Instruments, der gusle, von der er den Namen Guslar hat. Den Inhalt der Lieder bilden in der Hauptsache historische Stoffe, vor allem Abwehrtaten der Serben gegen die Türken, ausgehend von der Schlacht auf dem Amselfeld (Kosovo polje, 1389).

Von großem Wert sind für uns die Schlüsse, die man aus den Liedern hinsichtlich der Verwendung von Formeln ziehen kann. Das Extemporieren ist dem Sänger nur möglich, wenn er einen großen Vorrat stehender Wendungen im Kopf hat, wie ja auch in den homerischen Gedichten über ein Drittel aller Verse Wiederholungen sind. Das Verwenden von Formeln gehört zur Kunst des Sängers, die Wiederholung schon bekannter Elemente wird von den Hörern oft begeistert bejubelt und keineswegs als Einfallslosigkeit oder Fehler gewertet.

Die Erkenntnisse, die wir aus der Liedtradition der «oral poetry» für die homerischen Gedichte erhalten, sind weitreichend. Zum einen lernen wir verschiedene, lange Zeit eher als unpoetisch beurteilte Wiederholungen als äußerst planvoll zu würdigen, zum anderen erklären sich daraus auch manche Unstimmigkeiten und Mißverständnisse. Eines aber haben gerade das Sammeln der serbokroatischen Volksepik, die Aufzeichnung der Gesänge in schriftlicher oder akustischer Art ganz deutlich zeigen können: Festhalten durch Niederschreiben bedeutet das Ende der «oral poetry»; Volksdichtung wird zu Volksliteratur. Im serbokroatischen Raum gibt es heute keine öffentlichen Rezitationen und praktisch keine mündliche Dichtung mehr. Wir können die Parallele zur homerischen Epik herstellen: Auch hier bedeutete der Schritt zur Schriftlichkeit so gut wie sicher das Ende der mündlich-schaffenden Tradition, doch bewirkte erst das Auftreten eines genialen Dichters, daß aus Volksdichtung Literatur entstand. Daher glauben wir, daß *Ilias* und *Odyssee* in ihrer literarischen Form als Ganzes niemals ein Produkt mündlichen Improvisierens sein können und rein mündlich, das heißt ohne jede Fixierung in Musterexemplaren, weitergegeben worden sind. Der Beziehungsreichtum, die vielfältige Verflochtenheit des Aufbaus und die Zentrierung des Geschehens: all das deutet darauf hin, daß hier die Möglichkeiten improvisierenden Dichtens überschritten sind.

Es ergibt sich also, daß die *Ilias* von Homer gegen Ende des 8. vorchristlichen Jahrhunderts auf der Basis vorhandener Volksdichtung zu einem gefügten Ganzen gemacht wurde. Wir können dabei nur die Motive feststellen, deren sich Homer bediente; welche Teile er gedichtet hat und was vorhandener «oral poetry» zuzuschreiben ist, können wir im einzelnen nicht entscheiden. Lediglich der 10. Gesang, die sogenannte Dolonie, mit ihrer zwar betont altertümlichen Prätention, aber nachweisbar jungem Erzählstil, muß, wie schon von den Alten begründet, Homer abgesprochen werden. Ähnliches gilt für evidente Einschübe athenischer Herkunft, vor allem im Schiffskatalog, der selbst nach langem Hin und Her heute doch als homerisch angesehen werden muß.

Die *Odyssee* wurde um weniges später von einem anderen, nicht minder guten Dichter aus dem Umkreis oder auch aus der «Schule» Homers verfaßt. In vielen Einzelheiten, vor allem aber in der Idee des Leitmotivs, stehen die Dichtungen trotz aller Unterschiede einander so nahe, daß wir für beide wie auch für die in ihren unmittelbaren Umkreis zählenden homerischen Hymnen den Ausdruck «homerisch» verwenden können.

Sprache und Vers

Die Sprache der homerischen Gedichte ist eine Kunstsprache, die in dieser Form niemals wirklich gesprochen wurde. Ihre Entstehung verdankt sie nicht einem bewußten Akt der Sprachmischung, sondern sie erklärt sich durch die lange Tradition der Dichtung und das damit verbundene Aufnehmen neuer Elemente in bestehende Formulierungen älteren Gepräges. Den ältesten Bestand bildet das Äolische, das von der Sprache der ionischen Nachbarn der kleinasiatischen Aioler überschichtet wurde. Durch die spätere Vormachtstellung Athens in der Überlieferung der Epen geriet schließlich auch manche attische Form in den Text. Die Fixierung vieler Formulierungen ist durch das Versmaß, den Hexameter, und den metrischen Zwang bedingt. Manche Wörter mußten dem Metrum angepaßt werden, und so erklären sich Formen, die außerhalb des Epos nicht begegnen. Ihre Bildung ist auf Dehnung und Verkürzen von Vokalen, Abwerfen von Endungen, Vermeidung unschöner Klangelemente usw. zurückzuführen. Den Ursprung und die frühe Entwicklung des Hexameters kennen wir nicht; und die genaue Herkunft und Erklärung vieler Wörter ist uns heute ebenso unbekannt, wie sie es schon den Athenern zur Zeit der Peisistratiden oder den alexandrinischen Gelehrten war.

Das Leben Homers: Probleme der Biographie

Lebensbeschreibungen Homers sind uns in mehreren Fassungen erhalten. Es ist freilich offensichtlich, daß viel an legendenhafter Überlieferung und an Erfundenem in diesen Biographien enthalten ist – sehr durchsichtig in der Art späterer biographischer Tradition mit aus den Werken des Dichters herausgesponnenen Details versehen, wenn es an echter Überlieferung mangelt. Doch hat die Homer-Forschung nach vielen Irrwegen, von der Leugnung der Existenz eines Mannes Homer bis zur Zersplitterung der Dichtungen in Kurzepisoden, zusammengefügt von einem oder mehreren völlig unbegabten Redaktoren, heute erkannt, daß die erhaltenen Biographien so viel an Echtem unter dem Wust von Anekdotischem enthalten, daß man zu einigen konkreten Aussagen kommen kann.[17]

Der bedeutendste Traktat ist eine aus der römischen Kaiserzeit, wahrscheinlich aus dem 1. Jahrhundert n. Chr., stammende Vita, die, in altertümlicher Sprache und ionischer Mundart geschrieben, den Historiker Herodot von Halikarnass (ca. 485–ca. 430) als Autor glaubhaft machen soll. In der Art eines Volksbuches werden Herkunft und Wanderungen Homers geschildert. Aus dem Werkchen, das mit – vielleicht noch am ehesten alten und wegen der Versform, die den Text im allgemeinen vor Verderbnis schützt, zum Teil auch echten – Hexametereinlagen durchzogen ist, erhält man den Eindruck, der Dichter sei durch die Lande gezogen und habe, alles mögliche in Verse fassend, eine sehr eigentümliche, verschrobene Lebensart an den Tag gelegt. Doch man muß sich den Charakter solcher volkstümlicher Biographien vor Augen halten: der vordergründig-sichtbare Zweck unserer Vita ist es, zum einen die als homerisch überlieferten Verschen, darunter auch Rätsel und Apophthegmata, Sinnsprüche, zu einem Ganzen zusammenzubinden und gleichzeitig die geographischen Fixpunkte von Homers Wanderungen zu verarbeiten. Ein zweiter, wichtiger Teil der biographischen Tradition über Homer ist das sogenannte «Certamen Homeri et Hesiodi», der Wettkampf zwischen Homer und dem Dichter Hesiod aus Askra in Böotien. Sollte dieser Wettkampf nicht von vornherein als reine Fiktion erkennbar sein, mußte die Lebenszeit der beiden Dichter in etwa als gleichzeitig angenommen werden, eine Auffassung, die sich vielfach bestätigt hat.[18]

Halten wir also fest: Unzweifelhaft hat der Mensch Homer gelebt. Seine Zeit ist das 8. Jahrhundert v. Chr., genauer dessen zweite Hälfte. Sein Geburtsland war das ionisch-äolische Grenzgebiet Kleinasiens, und so hat von den berühmten sieben Städten, die um des Homer «Wurzeln» stritten, das alte äolische Smyrna den bestfundierten Anspruch.[19] Die

Stadt gelangte in den ionischen Sprachbereich, als dieser sich im 9. Jahrhundert nach Süden ausbreitete, sie wurde um 575 von dem Lyderkönig Alyattes erobert und bis in hellenistische Zeit der Einheit beraubt. Dort sei, der Vita nach, Homer am Flusse Meles, etwas außerhalb der Stadt, von seiner Mutter Kretheïs unehelich geboren und nach dem Fluß Melesigenes genannt worden. Der Name ist ohne weiteres glaubhaft, nur wird man ihn nicht vom Flußnamen ableiten, sondern zu ähnlich gebildeten Personennamen stellen, wie Melesandros, «einer, der für Männer» und Melesippos, «einer der für Pferde Sorge trägt», Ableitungen von dem griechischen Verbum mélesthai «sich um etwas sorgen»; die Bedeutung des Namens ist «der für seine Familie sorgt».

Die Vita berichtet ferner von der Erziehung des Knaben in Smyrna und von seiner Laufbahn als Lehrer sowie von Fahrten, die er nach Aufgabe dieses Berufs mit einem Schiffer namens Mentes gemacht und die ihn nach Leukas, Ithaka und Kolophon geführt hätten. Dieser Teil der Vita ist sichtlich aus der *Odyssee* abgeleitet; das beweist nicht nur die Erwähnung von Ithaka, sondern auch die Namen der Personen, die alle aus der *Odyssee* stammen, und denen Homer in diesem Gedicht, wie es an einer späteren Stelle der Vita heißt, ein Denkmal gesetzt habe. Erblindet sei er nach Smyrna zurückgekehrt und erst jetzt Dichter geworden. Doch bald wanderte er von Smyrna nach Kyme in der Hermosebene, wo er vergeblich versuchte, von der Stadt als Dichter und Sänger beschäftigt zu werden. In Kyme habe er auch seinen Namen Homer bekommen, denn alle Blinden würden dort so genannt (diese Angabe beruht auf der falschen Ableitung des Namens von ho mḕ horôn, «der nicht sieht»). Von Kyme wandte er sich nach Phokaia, wo ein betrügerischer Schulmeister seine Dichtungen heimlich aufzeichnete, damit nach Chios reiste und sie als seine eigenen vortrug. Homer folgte ihm dorthin, errichtete eine Schule, erwarb ein Vermögen, heiratete und hatte zwei Töchter, von denen eine einen Bürger von Chios zum Manne nahm, die andere aber ledig blieb. Der Großteil der beiden Epen entstand während dieses Aufenthalts auf der Insel Chios. Einer Einladung der Leute des griechischen Festlandes folgend, machte Homer sich eines Tages, schon als hochberühmter Mann, dorthin auf den Weg und gelangte über Samos nach Euboia, wo er in Chalkis an Spielen teilnahm und im Wettstreit (certamen) auf Hesiod traf. Das Wesentliche dieses Kampfes war die Erprobung der Schlagfertigkeit und der Beherrschung des epischen Vokabulars.

Zuerst begann Hesiod mit Fragen, die Homer beantworten mußte:

Hesiod: Sproß du des Meles, Homer, dir lieh ein Gott die Gedanken!
Frisch! Zum ersten sag an, was wäre den Menschen das Beste?
Homer: *Nimmer geboren zu sein, wär sämtlichen Menschen das Beste!*
Einmal geboren jedoch, alsbald zum Hades zu fahren!
Hesiod: Gut! So verkünde auch dieses, du Sänger Göttern vergleichbar!
Was wär denn, meinst du, das Köstlichste unter der Sonne?
Homer: *Stets wenn Fröhlichkeit rings im Volk die Herzen erfüllet,*
Und es schmausen die Gäste im Saal und lauschen dem Sänger,
Bank an Bank, in Reihen, und rundum über den Tischen

Türmen sich Brot und Fleisch, und der Mundschenk schöpft aus dem Mischkrug
Funkelnden Wein und trägt ihn herbei und füllet die Becher:
Das ist köstlich, ist weit und breit das Schönste auf Erden!

Die Zuhörer waren von diesen Versen begeistert. Doch dann ersann Hesiod Schwierigeres: er legte einen Hexameter vor, der scheinbar sinnlos oder widersprüchlich war, Homer aber verstand es glänzend, jeweils zu kontern:

Hesiod: Rindfleisch gab es zum Mahl und die dampfenden Hälse der Pferde –
Homer: *Lösten wir unter dem Joch; sie hatten sich müde gestritten.*
Hesiod: Der war tapfer vor allen im Kampf und immer in Ängsten –
Homer: *Bangte die Mutter um ihn; ist Krieg doch hart für die Frauen.*
Hesiod: Sitzen wir unnütz umher am Strand, so verlassen wir lieber
Unsere Schiffe und gehn den Weg um die Schultern geschlungen –
Homer: *Wehrgehäng, und Schwert und Spieß in den kräftigen Händen.*
Hesiod: Als sie nun aber gespendet und ausgetrunken die Salzflut –
Homer: *Abermals zu befahren bereit mit gebordeten Schiffen,*
Hesiod: Rief Agamemnon laut zu den Göttern allen: «Verderbt uns –
Homer: *Nicht auf dem Meer!*»
Hesiod: So betete er, und wieder beginnend:
«Laßt es euch schmecken ihr Männer und trinkt! Nicht einer der Unseren
Soll das ersehnte Gestade der Heimat erreichen –
Homer: *Wund und siech, nein, heil und gesund kehrt jeder nach Hause!*

Nach diesen und weiteren Proben seiner Kunst verlangten die Zuhörer, Homer solle die Krone erhalten. Doch der Schiedsrichter, König Panedes («Alleswisser»), bestimmte, daß nun noch jeder ein Stück aus seiner Dichtung vortragen solle. Hesiod begann mit einem Abschnitt aus den «Werken und Tagen» (Erga kaî Hēemérai 383–392):

Wenn sich im Siebengestirn die Atlastöchter erheben,
Also beginne die Mahd; das Pflügen, wenn sie versinken!
Vierzig Nächte sind jene und vierzig Tage verborgen
Jeglichem Aug, doch dann im Lauf der rollenden Jahrzeit
Steigen sie wieder empor mit dem frühesten Schärfen des Eisens.
Das ist im Flachland der Brauch, ob nah dem offenen Meere
Draußen der Landmann wohnt, ob er tief in den Gründen der Berge
Fern der brausenden See auf trächtigem Boden sein Korn Baut,
Nackend sei er beim Säen und nackend folg er dem Pfluge,
Nackt sei der Mäher zumal, wenn reif in den Halmen die Frucht steht.

Homer konterte mit folgender Szene aus der *Ilias* (XIII 126–133. 339–344):

Und nun schlossen sie rings die Reihn um die beiden Aianten
Fest: da hätte nicht Ares, der Gott, einen Makel gefunden,

Kampf zwischen zwei Reihen Schwerbewaffneter (Hopliten); links ist der Signaltrompeter zu erkennen. Schwarzfiguriger korinthischer Krug. Um 650 v. Chr. Rom, Museo Nazionale di Villa Giulia

Pallas nicht, die Völkererregerin, sondern die Besten
Waren erlesen den Troern zu stehn und dem göttlichen Hektor,
Schlossen den deckenden Schild an den Schild und Lanze an Lanze,
Rand aber drängte den Rand, Mann Mann, und Sturmhelm den Sturmhelm,
Buschige Helme berührten mit blinkenden Bügeln einander,
Wenn sie nickten: so dicht aufeinander standen die Mannen.
Übers Gefilde der Schlacht, der männermordenden, sträubten
Lang sich Lanzen empor, zum Stoß erhoben. Geblendet
Ward das Auge vom Strahl, dem ehernen, glänzender Helme,
Frischgescheuerter Panzer und widerscheinender Schilde,
Als aneinander man kam. Das mußte ein rauher Gesell sein,
Dem es behagte, die Mühsal zu schaun, und spürte kein Grauen!

Die Griechen bewunderten wieder die Verse Homers am meisten, doch Panedes gab Hesiod den Lorbeer, mit der Begründung, daß der den Sieg davontragen solle, dessen Dichtung zu Landbau und friedlichen Werken anleite vor dem, der Kriege und Schlachten schildere.[20]

Nach dem Wettkampf zog Homer von Chalkis auf Euboia nach Athen, Korinth, Argos und dann weiter auf die Insel Delos, wo er beim Apollonfest der Ioner seinen Götterhymnus vortrug. Von dort begab er sich auf die Insel Ios, wo er hinfort seinen Wohnsitz nahm und auch starb. Kurz vor seinem Tode erkannte er, daß seine Geisteskräfte nachließen, als er eines Tages mit anderen Männern am Strand war und einige Fischerknaben ihnen ein Rätsel aufgaben:

«Draußen blieb, was wir fingen, doch bringen wir, die uns entgingen.» Keiner konnte das Rätsel lösen, auch Homer nicht. Da erzählten die Burschen, sie hätten beim Fischfang keine Beute gemacht und aus Zeitvertreib begonnen, Läuse zu jagen; die Läuse, die sie fingen, ließen sie draußen, die ihnen aber entgangen waren, brachten sie mit sich.[21]

Was ist in dieser gestrafft referierten Lebensgeschichte an möglichen Tatsachen enthalten? Nun, den Geburtsort Smyrna halten wir, wie schon vorweggenommen, aus vielen Gründen für gesichert. Als ebenso verbürgt kann gelten, daß Homer einen Großteil seines Lebens auf der Insel Chios verbracht hat: Schon im 7. Jahrhundert nennt der Jambendichter Semonides von Amorgos[22] beim Zitieren eines Verses aus der *Ilias* Homer den «Mann aus Chios», und auf Chios gab es die berühmte Sängerschule der Homeriden, die sich direkt von Homer ableiteten und deren Aufgabe die Pflege und Erhaltung der Dichtungen war. Wenn man die Behauptung der direkten Ableitung auch nicht zu ernst nehmen wird, versteht man doch nicht, warum Homeriden auf Chios Sitz und Schule haben sollten, es sei denn, daß die Insel eng mit Homer verbunden war. Und der Dichter des delischen Apollonhymnus schließlich nennt sich den *blinden Mann, wohnhaft auf Chios* (172). Daß Homer auf Ios gestorben sei – schon im 5. Jahrhundert v. Chr. erwähnt das Bakchylides – ist höchstwahrscheinlich auch alte Tradition, denn nur so ist es erklärlich, warum gerade die kleine und wenig bedeutende Insel zur Ehre kam, das Homer-Grab vorweisen zu können. Befremden muß allerdings die angebliche Existenz des Dichters als Schullehrer und armer Vortragender epischer Lieder. Fürstenhöfe und große Städte bildeten, wie schon bemerkt, zu jener Zeit die kulturellen Zentren, an denen auch Dichter ihren Platz hatten. Darüber hinaus wollte man aus der *Ilias* eine Beziehung oder sogar Verwandtschaft Homers mit solchen Fürstengeschlechtern herauslesen. Die besondere Rolle, die Aineias im Epos spielt – Poseidon gibt *Ilias* XX 303–308 die ex-eventu-Prophezeiung, Aineias dürfe nicht fallen, weil seinem Geschlecht dereinst, wenn Priamos und seine Kinder nicht mehr sein werden, die Herrschaft in der Troas gehören werde –, weist vielleicht auf die Familie der Dardaner hin, die im 8. Jahrhundert in der Troas herrschten und Aineias als Stammvater in Anspruch nahmen. Noch weniger offenkundig sind Beziehungen des Dichters zur Familie der Glaukiden in Lykien, die man aus der Behandlung des Glaukos schließen zu können glaubte.[23]

So haben wir freilich nicht sehr viel, aber doch einen veritablen Lebensgang, rekonstruierbar aus vielen wuchernden Legenden, die auch für uns akzeptierbare Tatsachen enthalten: den Lebensgang eines Mannes, der vor 28 Jahrhunderten in dieser Welt lebte, und dessen Schicksale wir im wesentlichen ausmachen können.[24] Und auch den Namen des Mannes, besser: den Übernamen, oder, wenn man so will, den Künstlernamen können wir erklären: hómēron ist die ionische Form für hómāron, was soviel bedeutet wie «Pfand, Geisel». Ein «hómāros» ist also ein Bürge, ein Pfandsteller, ein guter griechischer Name, der überdies auch auf die Herkunft seines Trägers schließen läßt: es versteht sich von selbst, daß nur vornehme Leute imstande waren, Bürgschaft zu leisten.

Homer (Replik des sog. Epimenides-Typus, um 460 v. Chr.)
2. Jh. n. Chr. Rom, Vatikan

Was aber hat es mit der Blindheit Homers auf sich? Als blind bezeichnet sich der Dichter des Apollonhymnus, den allerdings schon Thukydides mit Homer gleichsetzte.[25] Die Vita betont zwar, Homer sei – als Melesigenes – mit gesunden Augen geboren worden, dann aber erkrankt und bei seiner Rückkehr nach Smyrna schon blind gewesen, doch stehen diese Angaben in der Partie, die Ithaka und die Gestalten der *Odyssee* einführt und von der wir schon bemerkten, daß sie sicher späterem

Homer (Replik des sog. Hellenistischen Blinden-Typus, um 100 v. Chr.). Ende 2. Jh. n. Chr. Rom, Museo Capitolino

Harmonisieren ihre Existenz verdankt. Als blinden Mann, mit dem charakteristischen ausdruckslosen, visionären Blick zeigen den Dichter viele der zahlreichen Porträts. Letztlich können wir nichts über diesen Punkt aussagen, doch ist bekannt, daß gerade blinde Menschen ungeheure Gedächtnisleistungen vollbringen und daß Volkssänger oft (und nicht nur bei den Griechen) als Blinde dargestellt werden. Ein Beispiel aus der homerischen Dichtung selbst soll genügen: Demodokos, der Dichter und Sänger der Phaiaken, ist blind: *Und der Herold kam herbei und führte den geschätzten Sänger. Den liebte die Muse über die Maßen und hatte ihm Gutes wie auch Schlimmes gegeben: der Augen hatte sie ihn beraubt, doch ihm den süßen Gesang gegeben. Für ihn stellte Pontonoos einen Lehnstuhl hin, beschlagen mit Silbernägeln, mitten unter die Tischgenossen, und lehnte ihn an den großen Pfeiler. Und hängte ihm zu Häupten an einen Pflock die helltönende Leier, er, der Herold, und zeigte ihm, wie er sie mit Händen ergreifen könnte.* (Od. 8, 62–68) Wir können festhalten: es war nichts Ungewöhnliches, daß ein Blinder als Dichter und Sänger wirkte; für Homer scheint Blindheit schon in den frühesten Quellen belegt zu sein. Mehr kann dazu nicht gesagt werden.

Völlig belanglos ist diese Frage für das Problem der Verwendung der Schrift zur Aufzeichnung der Gedichte: wenn der Dichter schriftlich komponierte, was alle Wahrscheinlichkeit für sich hat, so bediente er sich dabei in jedem Falle des Diktates und eines oder mehrerer Schreiber.

Die «Homerische Frage»: Probleme der Philologie

Wir haben die Blindheit Homers zur Sprache gebracht, weil sich davon in gewissem Sinne die gesamte neuere Homer-Philologie, im besonderen die Homer-Analyse, herleitet. Ins Bewußtsein gerückt wurde die «Homerische Frage», wie man den gesamten Problemkreis seit damals zu nennen pflegt, von dem Halleschen Professor Friedrich August Wolf. 1795 hatte er in seinen «Prolegomena ad Homerum», der Vorrede zu seiner Ausgabe der Gedichte, die Behauptung aufgestellt, es gebe weder eine Einheit der Dichtung noch überhaupt einen Dichter Homer, sondern *Ilias* und *Odyssee* seien aus Einzelliedern, seit langer Zeit mündlich überlieferten epischen Kurzerzählungen zusammengestückt, die Langform des Epos sei also aus vielen Bestandteilen von mehr oder weniger geschickten Redaktoren, vorwiegend im 6. Jahrhundert v. Chr., zur Zeit der Peisistratiden in Athen, geschaffen worden.

Aus einer Bemerkung des kaiserzeitlichen Historikers Flavius Yosephus (1. Jh. n. Chr.), der im Zusammenhang einer Erörterung über die Entwicklung der Schrift einflicht, Homer habe nichts Schriftliches hinterlassen[26], und aus der in der biographischen Tradition überlieferten Blindheit Homers leitete Wolf seine Ansicht ab, der Dichter habe nicht schreiben können und zu seiner Zeit überdies auch die Schrift noch gar nicht gekannt. Zwar konnten wir Wolf vor allem im letzten Punkt schon widerlegen – im 8. Jahrhundert war den Griechen die Schrift bereits bekannt –, die Sache darf aber nicht abgetan werden, weil von ihr nicht nur die Beurteilung der Gedichte, sondern letztlich auch der Glaube an die Existenz der Person Homers abhängt. Das Problem selbst war nicht neu: wir werden noch sehen, daß sich auch antike Philologen durchaus dieser schwierigen Frage annahmen. Wolfs Arbeit fand trotzdem enormes Echo, obwohl er auch in der Neuzeit nicht der erste Analytiker war, wie man von nun an die Vertreter von Zerlegungstheorien zum Unterschied von den Unitariern, den Verfechtern der Einheit, nannte. Ein fast unbekannt gebliebener erster Vorläufer war der französische Geistliche François Hédelin, Abbé d'Aubignac; 1664 vollendete er sein Werk «Conjectures académiques ou Dissertation sur l'Iliade», das freilich erst 1715 gedruckt wurde und das Wolf nachweislich kannte, ohne allerdings den Verfasser zu erwähnen.[27]

Fortsetzer seiner Arbeit fand Wolf in Gottfried Hermann[28] sowie in dem Germanisten Karl Lachmann, dessen Untersuchungen über die *Ilias* (erschienen 1837 und 1841) auf seinen Forschungen zur Entstehung des Nibelungenliedes beruhen. Einer der von Wolfs Thesen anfänglich Ge-

Friedrich August Wolf (1759–1824)

blendeten, später aber Enttäuschten, war Johann Wolfgang von Goethe, der zuerst begeistert zustimmte, gegen Ende seines Lebens aber Eckermann gegenüber Wolfs Werk folgendermaßen charakterisierte: «Er hat den Homer zerstört, doch dem Gedicht hat er nichts anhaben können; denn dieses Gedicht hat die Wunderkraft wie die Helden Walhallas, die sich des Morgens in Stücke hauen und mittags wieder mit heilen Gliedern zu Tische setzen.»[29]

Die wenigen Stimmen, die im 19. Jahrhundert die Einheit Homers zu verteidigen suchten, blieben nahezu ungehört, wie zum Beispiel die des Unitariers Gregor Wilhelm Nitzsch, der seine – kaum beachteten – Homer-Arbeiten ab 1828 veröffentlichte, oder auch die des Baseler Philologen Friedrich Nietzsche, der in seiner Antrittsvorlesung von 1869 mit dem Titel «Homer und die klassische Philologie» postulierte, die Wissenschaft solle die aus der Zerlegung der Gedichte gewonnenen Erkenntnisse für das Verständnis der Dichtung als Ganzes fruchtbar machen und das «Individuell-Homerische», die einheitliche Persönlichkeit des Dichters wieder mehr herausstellen.

Und doch fanden sich trotz und gegen Wolf genügend Argumente, die auf eine relative Einheit der Gedichte weisen. Denn daß nicht alles, was unter dem Namen Homer umlief, von diesem stammen könnte, zu dieser Einsicht waren schon im Altertum, bald nach der Zeit Homers, Leser und Erklärer der Werke gekommen. So galt im 7. Jahrhundert v. Chr. dem Dichter Archilochos von Paros zwar das Tölpel-Epos Margites als homerisch[30], und auch Aristoteles war dieser Meinung, wenn der den Margites in seiner Poetik[31] als das homerische Vorbild für die Komödie, wie *Ilias* und *Odyssee* für die Tragödie erklärt; die Kyprien jedoch hielt schon Herodot auf Grund sachlicher Widersprüche zur *Ilias* für unecht. In der zweiten Hälfte des 6. Jahrhunderts v. Chr. verfaßte Theagenes von Rhegion seine Schriften zur Verteidigung der homerischen Götter- und Weltanschauung, wobei er als erster versuchte, mythische Gegebenheiten allegorisch zu deuten und dadurch philosophisch akzeptabel zu machen. Die große Zeit der eigentlichen Homer-Philologie aber war das 3. und 2. Jahrhundert v. Chr., ihr Zentrum die große Bibliothek in Alexandria. Dort wirkten die drei bedeutendsten Homer-Erklärer, Zenodotos von Ephesos, der die Epen in je 24 Bücher einteilte, Aristophanes von Byzanz und Aristarchos von Samothrake, dessen Grundsatz es war, «Homer aus Homer zu erklären». Ihre Untersuchungen, ihre Arbeit an den Texten fanden jeweils Niederschlag in den Ausgaben der homerischen Dichtungen, die sie besorgten. Freilich, keiner von ihnen zweifelte an der Einheit der Gedichte, an der Verfasserschaft e i n e s Autors, wenn sie auch recht häufig auf Grund philologischer Kriterien Verse tilgten oder für unecht erklärten.

Eine natürliche Reaktion auf die erdrückende Autorität der Alexandriner, insbesondere des Aristarchos, setzte noch zu dessen Lebzeiten in Form der radikalen Schule der Chorzonten ein, die, von den Grammatikern Xenon und Hellanikos zu Anfang des 2. Jahrhunderts begründet, die Annahme eines einzigen Autors zum erstenmal verwarfen und die *Ilias* Homer, die *Odyssee* aber einem oder mehreren anderen Dichtern zuwiesen. Diese Ansicht war so unerhört, daß sich der große Aristarchos sogar veranlaßt sah, gegen Xenon eine eigene Streitschrift zu verfassen!

Doch nun war der Bann gebrochen, nun konnte man endlich viele der Unstimmigkeiten eben mit verschiedenen Verfassern erklären. Um so erstaunlicher ist es, daß die Ansichten der Chorizonten, der «Zerteilenden», die Homer-Philologie für lange Zeit praktisch lähmten und sie bewogen, sich auf andere Gebiete wie sprachliche Erklärung und vor allem die schon erwähnte allegorische Deutung der Gedichte zu verlegen. Dieser letzte Forschungszweig wurde sehr bald von der Philosophie, besonders von der Schule der Stoiker, aufgegriffen. Die eigentliche Homer-Philologie ruhte also, von Ausnahmen abgesehen, bis die Wiederentdeckung des Dichters um die Mitte des 14. Jahrhunderts durch Petrarca (erster Druck: Demetrios Chalkondyles, Florenz 1488, dann Aldus Manutius, Venedig 1504) Homer dem Abendland bekannt machte. Die durch Aubignac, Wolf und andere betriebene Beschäftigung mit den Gedichten schließt den Kreis.

Mit den Namen Karl Lachmann und Gottfried Hermann, zu denen noch der von Adolf Kirchhoff, dem Analytiker der *Odyssee*, hinzuzufügen ist, sind auch die drei großen Stoßrichtungen der theoretischen Erklärung für das Entstehen der homerischen Gedichte bezeichnet. Es sind dies, zusammengefaßt und gereiht nach den eben genannten Hauptvertretern, folgende Überlegungskreise:

1. die Epen entstanden aus einer Aneinanderreihung von vielen einzelnen Liedern (Liedertheorie; für die *Ilias* entwickelte Lachmann ca. sechzehn Einzellieder);

2. die Epen entstanden durch Zusätze und Erweiterungen um einen originalen Kern, ein ursprünglich nur kurzes Gedicht (Erweiterungstheorie);

3. verschiedene epische Gesänge sind von einem Dichter oder auch bloß einem Redaktor zu *Ilias* und *Odyssee* zusammengefaßt und gegliedert worden (Kompilationstheorie; von Kirchhoff zuerst für die *Odyssee* durchgeführt und dann auf die *Ilias* ausgedehnt).

Die Homer-Forschung: Versuche und Ergebnisse

Die Homer-Philologie hat viele Irrwege beschritten, doch wirft fast jede Arbeit, auch wenn sie von einer völlig verfehlten Grundeinstellung ausgeht, Einzelbeobachtungen ab, die, in anderen Zusammenhang gesetzt, fruchtbar sein können.

Die Fragen, die sich jeder Philologe, ja jeder Leser stellen muß und unweigerlich stellt und je nach deren Beantwortung er seine Position als – grob gesprochen – Unitarier oder Analytiker bezieht, sind im wesentlichen folgende: Steht Homer am Anfang, als Schöpfer (wenigstens eines Kerns), oder am Ende, als Bearbeiter oder Redaktor der Gedichte? Handelt es sich, im ersten Fall, um einen genialen Dichter oder, im zweiten Fall, um einen schlechten und unbegabten Zusammenschreiber? Hat «Homer» aus bestimmten Quellen geschöpft, ist es möglich, diese zu erkennen, oder hat er frei erfunden und als erster die Sage in Verse gegossen? Die Liste der Fragen ließe sich endlos und sinnlos fortsetzen; manche der Antworten wurden schon gegeben. Versuchen wir jetzt eine Bestandsaufnahme dessen, was heute als gesichert gelten kann.

Da ist zunächst die unbestreitbare Tatsache, daß es vor *Ilias* und *Odyssee* Gedichte und Gedichtzyklen gegeben hat, die von Sängern mündlich verbreitet wurden, daß also auch unsere Epen in mancher Hinsicht in der Tradition der «oral poetry» anzusiedeln sind. Die in der Antike konstatierten Unterschiede zwischen den beiden Gedichten haben wir angeführt. Aristoteles hebt in der Poetik für die *Ilias* das Einfache, Geradlinige, für die *Odyssee* das Verschlungene eigens hervor: «All dies hat Homer zuerst und in angemessener Weise angewandt. Denn von seinen beiden Gedichten ist das eine, die Ilias, einfach und pathetisch, die Odyssee dagegen verflochten (denn sie ist im ganzen eine Wiederfindung) und ein Charakterstück.»[32]

Und so ist es nur folgerichtig, daß – für uns als erster – der unbekannte Verfasser der literarästhetischen Abhandlung «Über das Erhabene», der wahrscheinlich dem 1. Jahrhundert nach Christus angehört, die Vermutung ausspricht, Homer habe die *Ilias* in seiner Jugend, die *Odyssee* aber in hohem Alter verfaßt und auf diese Weise versucht, die von ihm beobachteten Stilunterschiede zu erklären: «Er zeigt aber mit der Odyssee, daß es das Eigentümliche einer großen Natur ist, im Alter zu vielen Worten zu neigen. Denn es ist aus vielen Gründen klar, daß er die Odyssee als zweites Werk schuf, geht aber besonders auch daraus hervor, daß er den Rest der traurigen Leiden der Ilias wie irgendwelche Episoden aus dem trojanischen Krieg mit der Handlung der Odyssee verwoben hat;

denn nichts anderes als ein Epilog zur Ilias ist die Odyssee. Daher könnte man den Homer der Odyssee mit der untergehenden Sonne vergleichen, der trotz schwindender Kraft die Größe erhalten bleibt. Denn nicht mehr besitzt er eine jenen Gesängen der Ilias vergleichbare Spannkraft.»[33] Mit den angeführten Beobachtungen antiker Literaturwissenschaftler sind wir wieder beim Ausgangspunkt angelangt, denn genau diese Ansichten werden unter anderem auch heute noch vertreten.

Da wir nun die Entwicklung der Homer-Forschung von ihrem Ausgang im Altertum bis zu ihrem Wiedereinsetzen im 18. Jahrhundert verfolgt haben, bleibt noch, die Wege und Linien aufzuzeigen, auf denen sich die Wissenschaft in jüngerer Zeit und bis zur Gegenwart bewegt.

Ein erster Blick zeigt[34], daß die Verfechter eines streng unitarischen Standpunktes – beide Epen einheitlich vom selben Dichter, nämlich Homer, verfaßt – die Minderheit bilden. Außer Renata von Scheliha (1943) vertrat schon im vergangenen Jahrhundert Jacob Burckhardt diesen Standpunkt. Im übrigen hat sich als communis opinio durchgesetzt, daß die *Ilias* Homer zum Verfasser hat, daß aber die *Odyssee* von einem um geringes jüngeren Dichter – vielleicht einem Schüler Homers –, doch ebenfalls als Gesamtkunstwerk gedichtet und niedergeschrieben wurde. Energisch verfocht (jedoch erst, nachdem eine Reihe von analytischen Arbeiten vorangegangen waren) Felix Jacoby (1933) die unitarische Sache unter Hinweis auf unübersehbare Kompositionselemente in den Gedichten. Die folgenreichste Arbeit auf diesem Gebiet sind Wolfgang Schadewaldts *Ilias*-Studien (1938); hier wurde zum erstenmal mit einer Fülle von Beobachtungen vorwiegend stilistischer Art, wie Szenenresponsionen, Mittel epischen Erzählens (Retardation mit Vorbereitung), Herausarbeiten des planvollen Aufbaus bedeutender Teile des Gedichtes, Streben nach Abrundung und Verklammerung einzelner Teile usw., exemplarisch gezeigt, daß die Annahme e i n e s Verfassers und die damit verbundene einheitliche Technik des Gestaltens der Dichtung durchaus nachweisbar sind. Schadewaldts Arbeit hat darüber hinaus zu der Einsicht geführt, daß es vor allem Sache der Analytiker wäre, ihre Behauptungen zu untermauern und schlagende Beweise beizubringen. Nicht ganz so wirkungsvoll ist das Buch von Karl Reinhardt (1961); der Verfasser versucht, ausgehend vom Standpunkt des strengen Unitariers, innerhalb der Dichtung Abstufungen festzustellen, aus denen er auf verschiedene Schaffensperioden des Autors schließen möchte.

Die Analyse eröffnete in unserem Jahrhundert Erich Bethe, der freilich in seinen beiden Werken (*Ilias* 1914, *Odyssee* 1929) eine gewisse Mittelstellung einhält, da er insbesondere die dichterische Qualität beider Epen bzw. deren Verfasser sehr hoch einschätzt.

Einen deutlich analytischen Weg eröffnete 1916 dagegen Ulrich von Wilamowitz-Moellendorff mit seinem Buch «Die Ilias und Homer», dessen Hauptanliegen die Rekonstruktion einer Ur-Ilias und die Ablösung der später zugefügten Teile von diesem originalen Kern ist. In dem Dichter der Ur-Ilias sieht Wilamowitz Homer; dieser aber habe bereits selbst mehrere ihm vorgegebene Einzelgedichte aus dem Stoffkreis der Trojasage zusammengestellt, ehe weitere vier Bearbeiter das Epos zu dem machten, was uns heute vorliegt. Ganz ähnlich, freilich im Detail viel

Wolfgang Schadewaldt (1900–74)

präziser (mit genauer Eingrenzung der verschiedenen Abschnitte), sehen die analytischen Untersuchungen aus, die Willy Theiler (ab 1947, zusammengefaßt 1962) zu beiden Epen anstellte, wobei er enge Verflechtung des Entstehens der Gedichte annimmt. Etwas anders gelagert sind die Ergebnisse der Forschungen, die Peter Von der Mühll 1952 vorlegte. Er glaubt, wie schon früher (1940) für die *Odyssee*, auch für die *Ilias* zwei Verfasser nachweisen zu können, von denen der ältere (A), ein genialer Dichter, in dem Von der Mühll Homer erkennen möchte, das Zorngedicht bzw. die Ur-Odyssee verfaßt, der jüngere (B), ein Athener des 6. Jahrhunderts v. Chr., das Vorhandene überarbeitet und erweitert habe. Für die *Odyssee* nimmt Von der Mühll eine zusätzliche Vorlagedichtung an, die erst von B mit der A-Dichtung verschmolzen worden sei. Die radikalste Ausprägung der Analyse, eine Zertrümmerung der Gedichte in kleinste Einzellieder, zusammengeflickt von einem miserablen Dichter, dem «letzten Hinterschreiber homerischer Epik», vertritt Günther Jachmann (zuletzt, in gewissem Sinne zusammenfassend, in seinem Buch über den homerischen Schiffskatalog und die Ilias). Es liegt nach allem, was wir bisher gesehen haben, auf der Hand, daß eine Zerlegung von Kunstwerken, die sich so weit an den Rand der Vernichtung heranwagt, keine annehmbaren Ergebnisse zeitigen kann.

Die Forschung ist durch die skizzierten, zum Teil einander eklatant widersprechenden Meinungen aber nur scheinbar in eine Sackgasse geraten. Daß dies nicht eintreten konnte, ist zu einem Gutteil das Verdienst des im Prinzip schon von Dietrich Mülder (1910) eingeschlagenen und vor allem von Johannes Th. Kakridis (1947, 1971) befestigten und gesicherten, als Neoanalyse bezeichneten Auswegs. Die neoanalytische Betrachtungsweise sieht die Epen im wesentlichen als einheitliche Werke an, rechnet aber mit vielfältigen und verschieden ausgeformten Vorstufen

Ulrich von Wilamowitz-Moellendorff (1848–1931), etwa 1930

Albin Lesky (geb. 1896)

mündlich tradierten epischen Gutes und dessen unmittelbarer Einwirkung auf Homer. In gewissem Sinne kann auch Cecil Maurice Bowra mit seinem Werk über «Tradition und dichterisches Gestalten in der Ilias» (1930) zur Neoanalyse gerechnet werden.

Wenden wir uns nun der *Odyssee* zu. Die aufgezeigte diffizile Problematik um Abfassung und Entstehung des jüngeren Epos macht es verständlich, daß Unitarismus sich hier auch in strengem Sinn nur auf ein Betonen der Einheit der Dichtung beziehen kann, wie sie im wesentlichen von Karl Reinhardt (erstmals 1948) und Albin Lesky (zuletzt 1967) verstanden und aufgezeigt wurde. Auch Alfred Heubeck (1954) sieht in der *Odyssee* e i n e n Dichter am Werk, dessen Bemühen es ist, mit allen Mitteln dem Vorbildcharakter der *Ilias* gerecht zu werden (die *Ilias* selbst denkt sich Heubeck als aus einem großepischen Gedicht, in dem die ganze Trojasage enthalten war, herausgelöst). Aus diesem Grunde und aus der Tatsache, daß ihm dies in vieler Hinsicht gelungen ist, ergibt sich für Heubeck ein evidentes Lehrer–Schüler-Verhältnis der beiden Dichter.

Viel reichere Betätigung bot sich verständlicherweise der Analyse, deren Begründung durch Adolf Kirchhoff mit der ersten Auflage seiner *Odyssee* 1859 wir bereits erwähnten. Außer Eduard Schwartz (1924) und Wilamowitz (1927) sowie, in konsequenter Fortsetzung des von den beiden Forschern beschrittenen Weges, Theiler mit seinen schon zur *Ilias* angeführten Untersuchungen, sind vor allem die Odyssee-Bücher von Friedrich Focke (1943) und Reinhold Merkelbach (1951) zu nennen. Focke nimmt – in kompromißloser Fortführung der Methode Von der Mühlls – insgesamt zwei zeitlich aufeinanderfolgende Bearbeiter an; Merkelbach versucht mit einer ungeheuer komplizierten Rekonstruktion der Entstehung der Dichtung Zusammenhänge aufzuzeigen und Widersprüche auszusondern. Auch Denys Page glaubt in seiner Arbeit aus dem Jahre 1955 Zusätze ausscheiden zu können, doch ist für ihn eine relativ große, nicht erkennbare Zahl von Bearbeitern am Werk, deren Spuren allenthalben greifbar sind.

Mykene. Sog. «Schatzhaus des Atreus» (Kuppelgrab). 14./13. Jh. v. Chr.

Heinrich Schliemann (1822–90)

In seltsamem Gegensatz zu seiner für die Forschung so fruchtbaren Untermauerung der unitarischen Betrachtungsweise der *Ilias* rechnet Schadewaldt bei der *Odyssee* auf Grund diskrepanter Stilebenen mit zwei Dichtern[35], deren älterer (A), Homer, eine Grundfassung des Epos schuf, an der ein jüngerer, guter Dichter (B), um 700 rationalisierende Einschübe, logisch-zielführende Eindichtungen und stark harmonisierende Zusätze vorgenommen habe. Festzuhalten ist, daß Schadewaldts Zweischichtentheorie der Ansicht Peter Von der Mühlls im großen und ganzen sehr nahe ist; lediglich in der Einschätzung des Bearbeiters neigt Schadewaldt zu einem günstigeren Urteil über dessen dichterische Qualitäten.

Auf Arbeiten, die zwar Einzelproblemen oder einzelnen Abschnitten gewidmet sind, trotzdem aber sehr häufig auch grundsätzliche Fragen aufwerfen, kann nicht näher eingegangen, sondern muß generell auf die Bibliographie (S. 140f) verwiesen werden. Zu erwähnen ist hingegen noch eine Arbeit, die der *Odyssee* als Ganzem gewidmet ist: Herbert Eisenbergers «Studien zur Odyssee» (1973). Eisenberger vertritt die Ansicht, die *Odyssee* sei um die Wende vom 8. zum 7. Jahrhundert v. Chr. entstanden. Dem Dichter war die *Ilias* als einheitliches Ganzes bekannt, sein Streben war es, ihr ein ebenso großes, aber von neuem Geist erfülltes Werk gegenüberzustellen (in diesem Punkte trifft sich Eisenbergers Auffassung mit den Vorstellungen Heubecks). Seinen gemäßigt-unitarischen Standpunkt untermauert und belegt Eisenberger nicht nur durch viele

Mykene. Löwentor. 14./13. Jh. v. Chr.

Mykene. Gesamtansicht des Burghügels

Mykene. Schachtgräber (Königsgräber) hinter dem Löwentor. 16. Jh. v. Chr.

Einzelbeobachtungen zu Komposition und Aufbau; von daher gelingt es ihm vielmehr auch, in manchen Punkten überzeugend analytische Argumente zu entkräften. Nur in einem schließt Eisenberger sich einer Auffassung an, die schon den Alexandrinern bekannt war: er setzt das Ende der *Odyssee* mit Aristarchos von Samothrake und Aristophanes von Byzanz bei 23, 296 an, als Odysseus und Penelope einander wiedergefunden haben und sich zur ersten gemeinsamen Nachtruhe seit zwanzig Jahren zurückziehen. Der Rest des 23. und der ganze 24. Gesang seien unecht, es handle sich um spätere Hinzufügungen, die die Harmonie des Ganzen stören und nur das Bedürfnis des Lesers erfüllen sollen, auch die anderen Fäden der Handlung noch enden zu sehen. In der Tat sind viele Elemente dieser Partie seltsam, wie zum Beispiel die später selbstverständliche, in den homerischen Epen aber nur hier uns begegnende Funktion des Hermes als Totengeleiter, oder die Kurzfassung der Abenteuer, die Odysseus am Ende des 23. Gesanges gibt. Gerade aber dies hat seine Funktion: Odysseus teilt zwar dem Leser Bekanntes, seiner Gattin aber Unbekanntes mit, so daß diese Partien sicher nicht zu eliminieren sind. Doch auch der 24. Gesang enthält für den Bauplan und die Rundung des Ganzen wichtige Abschnitte, wie etwa die Erkennungszeichen, die Odysseus seinem Vater gegenüber nennt, und die außer der Narbe auch die Kenntnis von den Obstbäumen, die Laërtes dereinst seinem Sohne zum Geschenk gemacht hat, enthält, damit also wie bei Penelope ein ganz persönliches Zeichen, das mit den anderen Erkennungszeichen korrespondiert und

Siebenteiliges goldenes Diadem aus Mykene (Grab III). 16. Jh. v. Chr. Athen, Nationalmuseum

eine Steigerung bringt. Eine gewisse Abrundung erfährt auch die Götterhandlung. In einer Unterredung zwischen Zeus und Athene gegen Ende des 24. Gesanges wird der endgültige Friede beschlossen. Diese Szene evoziert das Analogon zu Beginn des 5. Gesanges, wo Zeus, indem er Athene aussendet, die eigentliche Odysseus-Handlung in Gang gebracht hat.[36] Man muß also die Mitteilung der Scholien, daß die beiden alexandrinischen Gelehrten zu 23, 296 das «Ende» (télos, péras) der *Odyssee* vermerkten, so interpretieren, daß damit der «Höhepunkt», die «Erfüllung» der eigentlichen *Odyssee*-Handlung gemeint ist – eine Ausdeutung, die von der Semantik der beiden Wörter her ohne weiteres möglich ist.

Komposition und dichterische Intention

Aristoteles hebt in seiner kompositionstechnischen und ästhetischen Fragen der Dichtung gewidmeten Poetik die geniale Anlage der homerischen Epen besonders hervor: «Darum, wie wir schon gesagt haben, erscheint Homer auch göttlich im Vergleich zu den anderen, weil er nicht einmal den ganzen Krieg, der doch einen Anfang und ein Ende hatte, hat dichten wollen. Denn entweder wäre so der Mythos allzu umfangreich und unübersichtlich geworden, oder, wenn er an Länge ein Maß innegehalten hätte, wäre er an vielfacher Buntheit zu kompliziert gewesen. So hat er einen einzigen Teil genommen und bringt vom übrigen vieles in Form von Episoden, wie den Schiffskatalog und andere Stücke, mit denen er die Dichtung gliedert. Die anderen dagegen dichten von einem einzigen, einer einzigen Zeit und einer einzigen Handlung in vielen Teilen, wie etwa der Dichter der Kyprien oder der Kleinen Ilias. Darum kann man aus der Ilias und der Odyssee je nur eine einzige Tragödie machen oder höchstens zwei, aus den Kyprien dagegen viele und aus der Kleinen Ilias mehr als acht.»[37] Und tatsächlich ist die zeitliche Dauer des eigentlichen Geschehens ganz kurz; letztlich sind es nur ganz wenige Tage, die der Dichter als faktisch errechenbare Zeit der Handlung ansetzt.[38] Für die *Ilias* ergeben sich rund 50 Tage, davon nur vier echte Kampftage, von denen der erste auf sechs (II 48–VII 380), der dritte gar auf acht Gesänge (XI 1–XVIII 242) verteilt ist.[39] Und außerdem setzt die Szenerie ja erst im zehnten Jahr des Krieges ein, zu einem Zeitpunkt, als die offensichtliche Erfolglosigkeit eine allgemeine Hoffnungslosigkeit hervorgebracht hat.

Das erste Anklingen des Leitmotivs, unter dem die gesamte Dichtung steht, erfolgt mit dem ersten Vers: der unheilbringende Zorn des Achilleus ist es, der eine Wendung herbeigeführt hat, freilich keinesfalls eine Wendung zum Guten. Doch immerhin, es wurde durch das Verhalten des Peliden ein fait accompli geschaffen, das Erregung auslöst, das die Streitkraft der Achaier in Bewegung bringt, das Auswirkungen auf die weiteren Kämpfe haben könnte und haben wird. An diesem Punkt setzt die Dichtung ein, als nach langer Untätigkeit und bloßer Belagerung durch einen fast nichtigen Anlaß die Dinge ins laufen kommen. Daraus erklärt sich auch die sinnvolle Handlung der Fürsten, besonders die Diapeira, die Probe des Achaierheeres durch Agamemnon zu Beginn der *Ilias*, und ebenso die Mauerschau im 3. Gesang, die rationalisierende Betrachter lieber am Beginn des Krieges sehen möchten und nicht erst nach neun Jahren. Die Kämpfe sind erlahmt, die Heere ermüdet, doch jetzt hat sich die Situation durch die überraschende Wendung der Dinge verschärft, und sofort wird ein Element der Spannung bemerkbar: Ist der Kampfesmut der Männer überhaupt noch vorhanden? Sollte man jetzt, da Achilleus keinesfalls zur Verfügung steht, nicht lieber zu erfahren suchen, wie die Gesinnung der Kämpfer eigentlich ist? Man sieht, wir treten in die Handlung zu einem Zeitpunkt ein, als sehr vieles völlig unklar ist, als es Verwicklungen, Streitereien unter den Führenden gibt und als, wie die mißglückte Diapeira und die Rede des Thersites zeigen, die Menge der Krieger nicht einsicht, warum sie eigentlich vor den Mauern Trojas in der Ebene des Skamander im Feldlager liegen muß. Aristoteles hat recht: Es wäre kaum möglich gewesen, eine so große und umfangreiche Dichtung besser zu beginnen. Eine Emotionalisierung der Leser ergibt sich – vielen sicher unbewußt – ja auch schon aus der, von außen betrachtet, relativen Belanglosigkeit des Leitmotivs: der Zorn des Achilleus, der in jeder anderen Situation bei jedem anderen Mann nur für die nächste Umgebung überhaupt relevant geworden wäre, erhält durch die besondere Situation und den besonderen Zeitpunkt seine Wichtigkeit.

Die mykenische Kriegervase: Zug mykenischer Krieger in voller Rüstung mit Schild und Speer, an dessen Schaft der Sack zur Aufbewahrung der täglichen Essensration zu erkennen ist. Um 1200 v. Chr. Athen, Nationalmuseum

Rembrandt Harmensz. van Rijn,
Aristoteles mit der Büste Homers (1653).
New York, Sammlung Duveen

Ähnliches gilt für die *Odyssee*. Hier ergibt die Nachrechnung ca. 40 Tage für das eigentliche Geschehen, und auch hier läßt sich eine ganz besonders kunstvolle Führung der Handlung aufzeigen. Wieder ist es der erste Vers, der unmittelbar in das Geschehen eindringt; das Proömium als Ganzes exponiert kurz und informativ die Handlung, wobei man ein Vorausweisen auf den Freiermord als wenig glückliche Vorwegnahme des Höhepunktes der *Odyssee* betrachten würde und sicher nicht dessen Fehlen zu einem analytischen Argument machen kann. Das Nichtnennen des Namens Odysseus – auch dies hat analytische Forschung dem Dichter angekreidet – erhält seine Begründung aus der Gesamtbetrachtung der ersten vier Gesänge des Epos: In der gesamten Telemachie ist Odysseus immer präsent, wird immer von ihm gesprochen, doch erst im 5. Gesang, kurz vor dem Ende seines Aufenthalts bei der Nymphe Kalypso, begegnen wir der Hauptperson selbst. Daher ist sein Name vermieden, daher wirkt um so mehr das Unausgesprochene: die Erwartung der Leser wird dadurch vergrößert. Und dann treffen wir Odysseus ganz am Ende seiner Irrfahrten, und in großartiger Raffung erhalten wir durch ihn selbst einen Bericht über die voraufgegangenen Jahre (Gesänge 9–12), ehe vom Zeitpunkt der Ankunft des Odysseus in seiner Heimat an (13), zunächst noch gestört durch die parallel laufende Fortführung und Beendigung des

Berichts über die Telemachreise (15), erst ab dem 16. Gesang die natürliche Zeitfolge des Geschehens wieder erreicht wird, und nun, in scharfem Gegensatz zur Gedrängtheit der Berichte vorher, die Tage sehr langsam, durch stete Angabe der Tageszeiten auch für den Leser spürbar, vergehen und durch dieses Retardieren die Handlung merklich dem Höhepunkt näherrückt. Für die beiden anderen, von Aristoteles genannten Gedichte aus dem epischen Kyklos, die Kyprien, deren Inhalt die Ereignisse vor der *Ilias* waren, und die sogenannte «Kleine Ilias», die das Geschehen nach Hektors Tod behandelte (über beide ist später noch zu sprechen), traf diese hohe Kunst nicht zu: hier wird streng chronologisch berichtet, hier ist alles der Reihe nach erzählt. Daraus zog Aristoteles den Schluß, ihr Verfasser könnte keinesfalls eine geniale schöpferische Persönlichkeit wie Homer gewesen sein, ein Urteil, dem wir nichts hinzuzufügen haben.

Homer. Silbermünze von Ios. 4. Jh. v. Chr.
Berlin, Staatliche Museen, Münzkabinett

Stilmittel und Bauprinzipien – Technik der Erzählung

Zur Gestaltung einzelner Szenen, vor allem aber auch hinsichtlich des epischen Gesamtplanes bediente sich der Dichter verschiedener Mittel, die zu einem sehr feinen Instrumentarium für die Charakteristik jeweils erforderter Stimmungsebenen differenziert sind. Aristoteles betont in der zitierten Stelle seiner Untersuchung, daß das Geschehen der *Ilias*, der Krieg vor Troja, und die lange Vorgeschichte der eigentlichen Heimkehr in der *Odyssee*, die Irrfahrten, in Form von Episoden und Erzählungen gebracht sind. Eine ganz entscheidende Rolle spielt dabei die direkte Rede: Man kann beobachten, daß Impulse zum Handeln fast immer von Reden ausgehen, die Handlung durch Reden in Gang gebracht oder verzögert wird. Da gibt es Zornesreden, Kampfreden, Scheltreden, Mahnreden, es begegnen Versammlungsreden, Beratungsreden und Trauerreden, Ermunterungs- und Trostreden, in denen die Menschen versuchen, einander Mut zu machen und das Unglück zu lindern. Sehr wichtig ist es daher, ein guter Redner zu sein, und der Dichter vermerkt das auch. Als Helena in der berühmten Mauerschau des 3. Gesangs der *Ilias* ihrem Schwiegervater Priamos die wichtigsten Helden der Griechen zeigt und sie charakterisiert, fällt ihr der Troer Antenor bei der Vorstellung des Odysseus ins Wort: «*Ja, Frau! dies Wort hast du ganz richtig gesprochen. Denn schon einmal ist auch hierher gekommen der göttliche Odysseus, um deinetwillen als Bote mit dem aresgeliebten Menelaos. Die nahm ich gastlich auf und bewirtete sie in den Hallen und lernte kennen ihrer beider Gestalt und dichte Gedanken. Doch als sie sich unter die versammelten Troer mischten, ragte, wenn sie standen, Menelaos hervor mit breiten Schultern. Doch wenn sie beide saßen, war der Stattlichere Odysseus. Sobald sie nun aber Worte und Gedanken webten vor allen, wahrhaftig! da redete Menelaos geläufig, nur wenig, doch mit sehr klarer Stimme, denn er war nicht wortreich und kein nichtiger Schwätzer, und war doch von Geburt der Jüngere. Aber wenn nun der vielkluge Odysseus aufsprang, stand er da und schaute nach unten, die Augen auf die Erde geheftet, und bewegte den Stab nicht rückwärts und nicht vorwärts, sondern hielt ihn starr in der Hand, einem linkischen Mann gleichend; du hättest sagen mögen, daß er stumpf sei und ganz unverständig. Doch sobald er die Stimme, die gewaltige, aus der Brust entsandte und Worte, Schneeflocken gleichend, winterlichen, dann hätte es mit Odysseus kein anderer Sterblicher aufgenommen. Da verwunderte es uns nicht so sehr, des Odysseus Erscheinung zu sehen.*» (Il. III 204–224) Und von dem schon erwähnten aufmüpfigen Thersites, der vom Dichter betont abstoßend und unsympathisch gezeichnet wird, ist gesagt, daß er eine quäkende Stimme hatte, kreischte und in ungeordneter Wortfolge (ametroepés) drauflos redete (II 212f).

Ein besonderes Stilmittel, basierend auf enger Kenntnis der menschlichen Denk- und Vorstellungsweise, ist die Ringkomposition, die Homer beim Aufeinanderfolgen von Rede und Gegenrede in der Form anwendet, daß er die zuletzt gestellte Frage als erste beantwortet sein läßt. Das gerade erst Ausgesprochene bleibt leichter im Gedächtnis haften, und von daher ist das Aufrollen der übrigen Fragen in umgekehrter Reihenfolge möglich. Dieses Kompositionsprinzip ist schon den alten aufgefallen: Aristarchos beschreibt und analysiert es[40], und Cicero schreibt einmal an Atticus: «Du fragst, was denn mit dem Prozeß passiert ist, daß er so gegen alle Erwartung ausging und gleichzeitig willst du wissen, wieso ich weniger als gewöhnlich in den Ring stieg. Ich werde dir homerisch antworten: das Spätere zuerst! (respondebo tibi hýsteron próteron, Homērikôs).»[41] Zwei Beispiele, je eines aus *Ilias* und *Odyssee*, sollen das veranschaulichen.

Die Beobachtungen des Aristarchos sind an ein einfaches Beispiel zu Ende des Schiffskataloges geknüpft (II 761–769):

Und wer war nun von denen der weit Beste – du sage es mir, Muse! –,
Von ihnen selbst und den Pferden, die den Atriden folgten?
Die Pferde waren die weit besten des Pheres-Enkels,
Die Eumelos antrieb, schnellfüßig wie Vögel,
Gleichen Haares, gleich an Jahren, schnurgleich über den Rücken,
Die in Pereia aufgenährt hatte der Silberbogner Apollon,
Beide weiblich, den Schrecken des Ares bringend.
Von den Männern wieder war der weit Erste der Telamonier Aias,
Solange Achilleus grollte, denn er war der bei weitem Stärkste.

Ein viel kunstvolleres, vom Dichter voll durchgespieltes Gebilde ist die Frage-Antwort-Szene zwischen Odysseus und seiner Mutter Antikleia in der Unterwelt: «*Aber auf, sage mir dieses und berichte es mir zuverlässig: welch ein Geschick des starkschmerzenden Todes hat dich bezwungen? eine langwierige Krankheit? oder ist mit ihren sanften Geschossen die pfeilschüttende Artemis über dich gekommen und hat dich getötet? Und sage mir von dem Vater und dem Sohn, den ich zurückließ: ob noch mein Königsamt bei ihnen liegt oder es schon ein anderer der Männer hat und sie sagen: ich kehre nicht mehr heim? Und sage mir Rat und Sinn meines ehelichen Weibes: ob sie noch bei dem Sohne ausharrt und alles unverrückt bewahrt, oder ob sie schon einer zur Frau genommen, der von den Achaiern der beste ist?» So sprach ich, und sie antwortete alsbald, die hehre Mutter: «Gewiß harrt jene aus in deinen Hallen mit ausdauerndem Mute, und jammervoll schwinden ihr die Nächte und die Tage immer dahin, der Tränen Vergießenden. Dein schönes Amt jedoch hat noch keiner, sondern in Ruhe verwaltet Telemachos das Königsgut und schmaust die gebührenden Schmäuse, wie sie zu halten einem rechtsprechenden Manne zukommt, denn alle rufen ihn dazu. Dein Vater aber bleibt draußen auf dem Land und kommt nicht in die Stadt herab, und hat als Lager nicht Bett und Decken und schimmernde Tücher, sondern schläft im Winter im Hause, wo die Knechte schlafen, in dem Staub beim Feuer und ist mit schlechten Kleidern angetan am Leibe. Doch wenn der Sommer kommt und die üppige Zeit der Ernte, dann sind ihm überall am Hang des weintragenden Gartens von gefallenen Blättern Lager am Boden aufgeschüttet. Da liegt er bekümmert und mehrt gewaltig das Leid in seinem Herzen, deine Heimkehr ersehnend: hart kam über ihn das Alter. So bin auch ich zugrunde gegangen und dem Schicksal gefolgt. Weder kam über mich in den Hallen die gutspähende Pfeilschütterin mit ihren sanften Geschossen und hat mich getötet, noch hat eine Krankheit mich befallen, wie sie mit böser Abzehrung zumeist die Lebenskraft aus den Gliedern nimmt, sondern die Sehnsucht nach dir, und deine klugen Gedanken, strahlender Odysseus! und deine Sanftmut haben mir den honigsüßen Lebensmut geraubt.»* (Od. 11, 170–203)

Ganz besonders reizvoll ist es, zu beobachten, mit welcher virtuosen Selbstverständlichkeit der Dichter ein anderes, nicht sofort ins Auge springendes Mittel für die nachdrückliche Wirkung seiner Erzählung einsetzt. Wir meinen die kurzen Charakterisierungen, mit denen fast alle im Epos auftretenden Personen bedacht werden. Das gilt ganz besonders für die in bezug auf das Geschehen völlig unwesentlichen Einzelkämpfer, die meist im Augenblick ihres Todes vom Dichter herausgehoben werden, um durch ihre Schicksale streiflichtartig das Kampfgeschehen zu erhellen. Von den ca. 1000 Helden, die in der *Ilias* namentlich genannt sind, treten die meisten nur ein einziges Mal auf, doch für fast alle gibt der Dichter genealogische Angaben oder charakterisiert sie auf andere Art.

Ausschnitt aus dem Bilderfries mit Darstellungen aus der Odyssee von einem Haus auf dem Esquilin in Rom: Die Unterwelt. Um 50 v. Chr. Rom, Vatikan. – Die berühmtesten Gemälde mit Odyssee-Darstellungen stammten von dem griechischen Maler Polygnot aus Thasos (5. Jh. v. Chr.) und bildeten einen Teil der Dekoration der Lesche (Halle) der Knidier in Delphi.

So wird zum Beispiel Il. VI 12f von Axylos, dem Sohn des Teuthras, gesagt, daß er in der gut bebauten Arisbe wohne und sich durch große Gastfreundlichkeit auszeichne. Und weiter (21–28): *Dann ging er* (Euryalos) *gegen Aisepos und Pedasos, die einstmals die Quellnymphe Abarbareë gebar dem untadligen Bukolion. Bukolion war ein Sohn des erlauchten Laomedon, der älteste von Geburt, doch heimlich gebar ihn die Mutter. Dieser, die Schafe hütend, vermischte sich mit der Nymphe in Liebe und Lager, und sie wurde schwanger und gebar die Zwillingssöhne. Und ihnen beiden löste die Kraft und die schimmernden Glieder des Mekisteus Sohn, und zog ihnen die Waffen von den Schultern.* Acht Verse wendet der Dichter auf, um zwei Kämpfer, die in einer ganzen Reihe anderer stehen, zu charakterisieren – und welche Details werden hier angeführt! Man darf aber nicht meinen, der Hinweis auf die Mutter und die Umstände der Geburt der beiden seien bloß aus psychologischen Motiven zur nachdrücklichen Erregung von Mitleid gesetzt. Das war für den Dichter nicht so wesentlich, ihm geht es darum, durch diese Bemerkungen die beiden anschaulich und gewissermaßen «historisch» erscheinen zu lassen, und damit auch ihren Tod vom abstrakten Ereignis, das Unbekannte trifft, zum konkreten Schicksal näher bekannter Menschen zu machen. Ein anderes Beispiel: Das Vorstürmen der Troer im 15. Gesang der *Ilias*, das von Zeus verfügt und von Apollon ermöglicht wird, veranschaulicht der Dichter: *So sprach er* (Aias) *und erregte Kraft und Mut eines jeden. Da ergriff Hektor den Schedios, des Perimedes Sohn, den Führer der Phoker, und Aias ergriff den Laodamas, den Anführer des Fußvolks, des Antenor prangenden Sohn. Und Pulydamas nahm dem Otos, dem Kyllenier, die Rüstung, dem Gefährten des Phyleus-Sohns, dem Führer der hochgemuten Epeier. Aber Meges sah es und sprang auf ihn zu. Doch er wich zur Seite, Pulydamas, und er verfehlte ihn, denn nicht ließ Apollon es zu, daß des Panthoos Sohn unter den Vorkämpfern bezwungen wurde. Aber dem Kroismos stieß er mitten in die Brust mit dem Speer, und er stürzte dröhnend, und der zog ihm die Waffen von den Schultern. Indessen sprang Dolops auf ihn zu, der sich gut verstand auf die Lanze, der Lampos-Sohn – ihn hatte Lampos gezeugt, der Laomedon-Sohn, als Besten der Männer, der sich gut verstand auf die ungestüme Kampfkraft. Der stieß damals mitten auf den Schild des Phyleus-Sohns mit dem Speer, nahe herangestürmt, doch den schützte der dichte Panzer, den er trug, mit Platten gefügt. Den hatte einst Phyleus mitgebracht aus Ephyra von dem Fluß Selleeis. Den gab ihm als Gastgeschenk der Herr der Männer Euphetes, ihn im Kampf zu tragen, zur Abwehr feindlicher Männer. Der wehrte ihm auch damals von der Haut des Sohnes das Verderben. Den Dolops aber stach Meges gegen den Helm, den erzgefügten, roßmähnigen, an der obersten Kuppe mit der spitzen Lanze und brach ihm ab den Roßhaarbusch, und ganz zu Boden fiel er nieder in den Staub, noch frisch von Purpur schimmernd. Während der mit ihm kämpfte, standhaft, und noch den Sieg erhoffte, indessen kam diesem Menelaos, der streitbare, als Beschützer und trat seitwärts heran mit dem Speer, unbemerkt, und traf hinten die Schulter, und die Spitze fuhr ihm durch die Brust hindurch, begierig, vorwärts strebend, und er sank hin vornüber.* (Il. XV 514–543) Wieder sind es einerseits Angaben zur Genealogie, andererseits individuelle Details, wie

Von Geld ist die Rede, von wem noch?

Er war der ewige Dritte…

... ein Meister zwar seines Fachs, aber von dem Pech verfolgt, daß zu seiner Zeit zwei weitere Meister lebten, die siegreicher waren, wenn es zu Wettbewerben kam. Der eine dieser beiden Siegreichen gewann den Agon, den Wettbewerb, wohl zwanzigmal, der andere dreizehnmal – unser Mann war nur viermal Erster, etliche Male Zweiter, oft Dritter. Und er, der Jüngste unter den dreien, wurde auch nie der Liebling der Massen.

Er war der Sohn wohlhabender Eltern. Er besaß eine Bibliothek, und sie allein schon war damals ein Vermögen wert. Außerdem erbte er Ländereien, so daß er unabhängig leben konnte, ohne den Zwang, Geld zu verdienen. Er mied freilich, was andere in solcher Position für das Übliche hielten: den Eintritt ins öffentliche Leben, die Übernahme öffentlicher Ämter.

Zweimal heiratete er, aber das häusliche Leben muß ihm viel Ärger bereitet haben. Das blieb nicht ohne Folgen für seine Werke. Obwohl er, mehr als seine Konkurrenten, den Frauen eine tragende Rolle in seinem Werk gab, wurde er gerade von den Frauen seiner Heimatstadt geschmäht. Zu deutlich spürten sie wohl, daß der Mann im Grunde ein Frauenhasser war.

Häuslicher Verdruß und wachsende Unbeliebtheit bei den Massen ließen den Mann schließlich noch ins Exil gehen, zu einem König, der ihn eingeladen hatte. Da war er schon über 70 Jahre alt. Sein Ende muß, wenn die Berichte stimmen, schlimm gewesen sein: Die Hunde des Königs zerfleischten den Gast. Das war vor knapp 2400 Jahren. Von wem war die Rede?

(Alphabetische Lösung: 5-21-18-9-16-9-4-5-19)

eine bestimmte Art des Panzers usw., die die Kämpfer konkretisieren und dem Leser/Hörer die Masse der namenlosen Getöteten, der gegenüber er gleichgültig bliebe, durch das Auflösen in namentlich vorgestellte Einzelpersonen als Schicksale näherbringt und durch diese Hilfe für das emotionelle Erfassen des Dargestellten in ihm Gefühle erwecken kann. Unzählige weitere Beispiele der hohen Kunst Homers könnten angeführt werden; einige seien noch herausgegriffen: Iphition, der Sohn des Otryoneus, wurde in Hyde, am Fuße des schneebedeckten Tmolos geboren (XX 382f); den Bastardsohn des Antenor, Pedaios, hat die Priesterin Theano aufgezogen (V 70); der von Idomeneus getötete Othryoneus war der Verlobte der Priamostochter Kassandra (XIII 361f); Menesthios war der Sohn des Flusses Spercheios und der Peleustochter Polydore (XVI 173f); Iphidamas, Sohn des Antenor, aufgewachsen in Thrakien, ist mit zwölf Schiffen nach Troja gekommen und wird von Agamemnon getötet (XI 221f). – Wenn wir uns nun fragen, woher denn der Dichter die genealogischen Angaben und persönlichen Details für eine solche Zahl zum Großteil wenig bedeutender Personen genommen hat, so müssen wir sagen, daß es sich dabei höchstwahrscheinlich um Improvisation handelt. Mit Ausnahme mythisch fixierter Personen, wie zum Beispiel der Heroen, sind wohl viele der Kämpfer Erfindungen des Dichters; durch das Kunstmittel der Einsetzung erfundener, aber als Personen charakterisierter Krieger gewinnt die Erzählung an Authentizität und Glaubwürdigkeit.

Zwei Beispiele aus der *Odyssee* mögen ein Element der Darstellung veranschaulichen, das den auch in dieser Hinsicht unterschiedlichen Charakter des jüngeren Gedichts beleuchtet. Wir meinen das Geschick des Dichters, zusammenhängende Elemente im Aufbau des Epos vorzubereiten und miteinander zu verklammern, indem er zum Beispiel die eine oder andere Person dann hervortreten läßt, wenn ihr im weiteren Verlauf der Handlung Bedeutung zukommen wird.

Aus der Reihe der Phaiaken, die aufstehen, um zu den Wettspielen zu gehen, wird einer besonders hervorgehoben: *Euryalos, dem männervernichtenden Ares gleich, des Naubolos Sohn, der unter allen Phaiaken der Beste war an Gestalt und Aussehen nach dem untadligen Laodamas* (8, 115–117) Wenig später, nachdem der Dichter mehrere der im Katalog genannten Phaiaken wegen einer besonderen Leistung im Wettkampf nochmals angeführt hatte, erhält auch Euryalos die Bedeutung, die seine nachdrückliche Hervorhebung vermuten ließ: er ist derjenige, der durch eine Schmährede – er beschuldigt Odysseus, ein Kaufmann zu sein und kein Mann des Wettkampfes – diesen veranlaßt, an den Kämpfen teilzunehmen und ihm so zu seiner ersten großen Tat, zu seiner ersten Aristie nach dem Wiedereintritt in die Welt menschlicher Wesen verhilft (8, 159–185). Und von dem unglücklichen Elpenor, der bei der Abfahrt von Kirke ums Leben kam, heißt es, er war *der jüngste von uns, nicht allzu wehrhaft im Kampf, noch auch so recht gefügt in seinen Sinnen. Der hatte sich mir fern von den Gefährten auf Kirkes heiligen Häusern niedergelegt, weil ihn nach Kühlung verlangte, beschwert vom Weine. Doch als er nun den Lärm und das Getöse von den aufbrechenden Gefährten hörte, sprang er plötzlich auf und vergaß in seinem Sinne, zurückzugehen und die breite Treppe hinabzusteigen, sondern stürzte gerade vor sich vom Dach herab, und es ward ihm der Hals herausgebrochen aus den Wirbeln, und seine Seele ging hinab zum Hades.* (10, 552–560) Freilich ist das nicht nur eine komisch-tragische Einlage, die der Dichter uns vorführt, sondern der letzte Satz, *seine Seele ging hinab zum Hades*, weist auf das Folgende hin. Die Gestalt des Elpenor ist das Bindeglied, das dem Dichter hilft, die Verbindung von Oberwelt und Unterwelt herzustellen: Elpenor, der noch unbestattete, ist der erste Schatten, den Odysseus gleich darauf zu Beginn der Nekyia antrifft; er ist verwundert, daß er so schnell hierher gelangen konnte: *«Elpenor! wie bist du hinab in das dunstige Dunkel gekommen? Bist du eher zu Fuß da als ich mit dem schwarzen Schiffe?»* (11, 57–58) Und Elpenor erzählt nun dem Odysseus, was der Leser schon vorher erfahren hat, und bittet um Bestattung und das Aufrichten eines Ruders am Grabe. Mit letztem ist zugleich der Vorverweis auf des Odysseus Rückkehr aus der Unterwelt gegeben, und wieder ist es Elpenor, der die Verbindung herstellt: denn kaum zu Kirke zurückgekehrt, wird das Versprechen erfüllt, der Leichnam des Elpenor vom Palast geholt und in der gewünschten Weise bestattet (12, 8–15).

Ein vom Dichter häufig angewandtes Mittel zur Darstellung der Menge und zugleich zur Charakterisierung besonderer, für die Handlung wichtiger Elemente sind die Kataloge, die Aufzählungen von Namen mit bestimmten Beifügungen. Richtige Katalogdichtung ist im homerischen Epos eher sparsam verwendet; zur Perfektion gebracht wurde diese Art zu dichten erst von Hesiod. Doch finden sich im 2. Gesang der *Ilias* gleich die umfangreichsten Beispiele, der Schiffskatalog und der anschließende Troerkatalog. Zweck dieser beiden epischen Gebilde ist die Angabe der Stärke der Heere vor dem Aufmarsch zur ersten Schlacht. Der Schiffskatalog gibt die Streitmacht der Achaier wieder, die auf insgesamt 1186 (!) Schiffen nach Troja kamen, der Troerkatalog ermöglicht einen Überblick über die Stärke der Gegenpartei. Diese beiden Kataloge sind freilich schon weiterentwickelte, ausgestaltete Gebilde. Reine Namenskataloge finden sich, wie bei Hesiod, vor allem zur Wiedergabe von Tatsachen des Mythos oder zur Angabe von Genealogien, wie der Nereidenkatalog Il. XVIII 39–48, eine reine Aufzählung von 33 Namen, oder der breiter ausgestaltete, aufgelockerte Katalog der Heroinen, denen Odysseus in der Unterwelt begegnete (Od. 11, 235–327). Eine Aufzählung von Göttinnen und Heroinen finden wir in der *Ilias*, wenn Zeus seiner Gattin Hera, zum Beweis für ihre Unvergleichlichkeit vor allen Frauen, seine Liebschaften herzählt: *«Denn noch nie hat das Verlangen nach einer Göttin oder einer Frau mir so den Mut in der Brust rings überströmt und bezwungen! Auch nicht, als ich begehrte die Gattin des Ixion, die den Peirithoos gebar, den Ratgeber, gleichwiegend den Göttern. Auch nicht, als es Danaë war mit den schönen Fesseln, die Akrisios-Tochter, die den Perseus gebar, den Ausgezeichneten vor allen Männern. Auch nicht des Phoinix Tochter, des weitberühmten: Europa, die mir gebar den Minos und den gottgleichen Rhadamanthys. Auch nicht Semele und auch nicht Alkmene in Theben, die Herakles, den starksinnigen, als Sohn geboren, doch den Dionysos gebar Semele zur Freude den Sterblichen. Auch nicht, als es Demeter war, die flechtenschöne, die Herrin, noch Leto, die herrlich prangende, noch auch du selber – so wie ich jetzt dich begehre und das süße*

Verlangen mich ergreift!» (Il. XIV 315–328)

Namenskataloge sind auch die kurzen, immer wieder unterbrochenen Freierkataloge der *Odyssee*, die in die Mnesterophonie, den Freiermord, eingeschaltet sind[42], hier jedoch ganz natürlich in enger Verwandtschaft zur Praxis Homers bei den Schlachtschilderungen der *Ilias*.

Ein bemerkenswertes erzähltechnisches Mittel ist die Kunst des Dichters, aus dem logischen Fortgang der Handlung resultierende Leerläufe zu überbrücken. Allerdings bedient er sich einer solchen Überbrückung nur, wenn der Leerlauf offensichtlich empfindbar und störend wäre – zum Unterschied von den Wünschen mancher Kritiker, die weit öfter für die logisch weitergehende Handlung mit Fragen zur Hand sind. So sendet Hektor zu Beginn des dritten Buches der *Ilias* (III 117) zwei Herolde in die Stadt, um die Tiere für das Opfer zu holen. Während diese Handlung läuft und bis zur Rückkehr der Herolde (245) wird unser Blick auf die Heerführer der Achaier gelenkt, die Helena dem Priamos von der Mauer aus zeigt (Mauerschau, 146–244). Erst als Helena mit ihrer Vorstellung zu Ende ist, ist alles bereit für Opfer und Gelübde. Oder: Hektor geht in die Stadt, um ein Opfer für Athene zu arrangieren. Den Leerlauf füllt der Dichter mit dem Bericht über den Zweikampf zwischen Glaukos und Diomedes (VI 119–236). Als diese Szene beendet ist, sehen wir Hektor gerade beim Skäischen Tor ankommen, und nun kann die Handlung auch in der natürlichen Zeitfolge weitergehen. Im 23. Gesang der *Ilias* schließlich bereitet Achilleus nach der Tötung Hektors die Verbrennung der Leiche des Patroklos und die Leichenspiele vor. Doch der Dichter verzögert die Handlung, er läßt eine Nacht dazwischentreten, und in dieser Nacht erscheint Patroklos seinem Freund im Traume. Diese Szene freilich füllt nicht nur die leere Zeit (da gäbe es viele Nächte zu überbrücken im homerischen Epos!), sondern sie läßt gewissermaßen den Abschied der beiden voneinander nachholen, der vor dem Auszug zum Kampf nicht stattgefunden hat. Einem bemerkenswert übertriebenen und somit unhomerischen Bedürfnis nach Überbrückung verdanken wir schließlich auch den erst spät in die *Ilias* eingefügten 10. Gesang, die Dolonie: der unbekannte Verfasser hatte die Absicht, die Nacht vor dem Beginn des großen dritten Kampftages mit einer besonderen Begebenheit zu füllen, um dadurch auch die Bedeutung des Folgenden zu unterstreichen.

Eine sehr kunstvolle Überbrückung, die den Leser die verstreichende Zeit miterleben läßt, findet sich in der *Odyssee*. Als Nausikaa den Fremden mit zur Stadt nimmt, fordert sie ihn auf, nur so lange bei dem Wagen zu bleiben, bis sie das bewohnte Gebiet erreichen (6, 258f). Dann solle er in einem Hain der Athene warten, bis er «*schätzt, daß wir bei den Häusern angelangt sind*» (295f), und sich erst dann auf den Weg machen. Die Zeit des Wartens – die in dieser Situation auch der Leser empfinden soll – wird ausgefüllt durch ein kurzes Gebet, das Odysseus an Athene richtet (324–327). Wir erfahren noch, wie Nausikaa, zu Hause angelangt, von ihrer Kammerfrau in das Gemach geleitet wird und das Abendessen erhält (7, 13). Erst jetzt ist, und tatsächlich auch nach Meinung des Lesers, genügend Zeit verstrichen, und Odysseus kann seinen Weg zur Stadt fortsetzen.

Mit der kunstvollen Überbrückung leerer Zeitelemente steht eine in der *Ilias* vorbereitete, mit größter Virtuosität aber vom Dichter der *Odyssee* gehandhabte Stileigenheit in Zusammenhang: das Retardieren, das Verzögern der Handlung an besonders entscheidenden Stellen. Was damit bewirkt wird, liegt auf der Hand: der Leser wird in Spannung versetzt, ja, an manchen Punkten fiebert er fast der Fortsetzung der Haupthandlung entgegen. Drei Beispiele sollen erläutern, was wir meinen.

Den Ansatz zum Übergang von Überbrückung zur Retardation bietet uns eine Stelle der *Ilias*, die vom Inhalt her eine besonders sorgfältige Gestaltung erforderte. Nach der Tötung des Patroklos durch Hektor bemächtigt sich Trauer und Verzweiflung der Achaier, und das große Problem ist, Achilleus von dem Unglück zu verständigen. Menelaos gibt Nestors Sohn Antilochos den Auftrag, zu den Schiffen zu laufen und Achilleus die Meldung zu überbringen (XVII 685–693). *Antilochos entsetzte sich, als er die Rede hörte, und Sprachlosigkeit, wortlose, ergriff ihn lange, und die Augen füllten sich ihm mit Tränen, und ihm stockte die heraufdringende Stimme. Aber auch so ließ er nicht unbeachtet die Weisung des Menelaos und schritt hin und lief, doch die Waffen gab er dem untadligen Gefährten Laodokos, der ihm nahe hin- und herlenkte die einhufigen Pferde. Und ihn, den Tränen vergießenden, trugen die Füße aus dem Kampf, um dem Peleus-Sohn Achilleus das schlimme Wort zu melden.* (XVII 694–701) Der Dichter entspricht aber nun keineswegs dem natürlichen Wunsch der Leser/Hörer, den Boten zu begleiten und zu erfahren, wie Achilleus die Botschaft aufnimmt, sondern er verzögert die Handlung und blickt noch einmal auf das Schlachtfeld, so, wie etwa der enteilende Antilochos es gesehen haben mochte. Den Übergang zum wohlüberlegten, in poetischer Absicht eingesetzten Element des Aufbaus zeigt aber der Inhalt der Überbrückung. Hier wird nämlich nicht, wie etwa bei der Mauerschau oder der Begegnung zwischen Glaukos und Diomedes, die Zwischenzeit mit einem Szenenwechsel gefüllt, sondern an unserer Stelle bleibt die Erzählung beim Thema. Der Dichter muß auch den Bericht über die Wirkung von Patroklos' Tod auf die Kampfgefährten und die durch dieses Unglück begründete Notsituation der Achaier geben, ehe er den – freilich mit Spannung erwarteten – Eindruck der Botschaft auf Achilleus beschreibt: Menelaos bespricht mit dem Telamonier Aias die weitere Vorgangsweise, da mit dem Peliden ja nicht nur wegen dessen Trauer vorläufig nicht zu rechnen ist: denn auch seine Rüstung, in der er Patroklos ins Feld gesandt hatte, war Hektor zur Beute geworden. Dann wird geschildert, wie der Leichnam von Menelaos und Meriones aufgenommen und unter dem Schutz der beiden Aianten vom Kampfplatz getragen wird; vier Gleichnisse beleuchten das Bild, das sich dem Zuschauer bot. Und schließlich lenkt der Dichter unseren Blick noch auf die frohlockenden Troer, die unter Hektors und Aineias' Führung hinter dem Leichnam herstürmen; die Mannen der Achaier aber waren mutlos. Und erst nach dieser eindrucksvollen Schilderung der Wirkung des Unglücks auf die aktiven Kämpfer, erst 80 Verse später ist Antilochos bei Achilleus angelangt, und erst jetzt wird unsere Spannung gelöst, und wir erfahren, wie Achilleus auf die Todesnachricht reagiert: *«O mir, Sohn des Peleus, des kampfgesinnten! Ja, eine sehr traurige Botschaft mußt du vernehmen – wäre es doch nicht geschehen! Tot liegt Patroklos, und nun kämpfen sie um den Leichnam, den nackten, aber die Waffen hat der helmfunkelnde Hektor!»* *So sprach er, und den umhüllte des Schmerzes schwarze Wolke. Und er griff mit beiden Händen in den rußigen Staub und schüttete ihn über das Haupt und entstellte sein liebliches Antlitz, und auf dem nektarischen Kleid saß rings die schwarze Asche. Doch er selbst lag im Staub, der Große, groß hingestreckt, und raufte sein Haar und entstellte es mit seinen Händen. Aber die Mägde, die Achilleus erbeutet hatte und Patroklos, schrien groß auf, bekümmert im Mute, und liefen aus der Tür herbei um Achilleus, den kampfgesinnten, und schlugen alle mit den Händen die Brüste, und einer jeden lösten sich unten die Knie. Und drüben jammerte Antilochos, Tränen vergießend, und hielt die Hände des Achilleus – der stöhnte in seinem ruhmvollen Herzen – denn er fürchtete, er könnte sich die Kehle abschneiden mit dem Eisen. Und schrecklich wehklagte er.* (XVIII 18–35)

Zu einer besonders verfeinerten und in dieser Intensität der *Ilias* noch unbekannten Kunst des Retardierens bringt es der Dichter der *Odyssee*, aus der die nächsten beiden Beispiele genommen sind. Der Gang zur Stadt, den Odysseus gemeinsam mit Eumaios unternimmt, wird vom Dichter durch das Einfügen einiger Zwischenfälle verlängert und damit der entscheidende Augenblick, wenn Odysseus nach zwanzig Jahren sein Haus wieder betritt, hinausgeschoben. Zunächst treffen sie bei einem Brunnen den Ziegenhirten Melanthios, von dem sich Odysseus manche Schmähung anhören muß.[43] Und als sie schon vor dem Haus stehen und den Klang der Leier des Sängers Phemios vernehmen können, wird der Schritt über die Schwelle noch einmal durch eine besonders ergreifende Szene verzögert: der alte, verwahrloste, von den Freiern achtlos getretene Hund des Odysseus, Argos, liegt auf einem Misthaufen vor dem Hoftor, erkennt seinen Herrn, was er durch Spitzen der Ohren und erregtes Schwanzwedeln andeutet, zu schwach, um sich zu erheben, und stirbt. Und erst nach einer kurzen Rede des Eumaios, in der uns mitgeteilt wird, was es mit dem Hund auf sich hat, betreten die beiden endlich den Palast.[44]

Meisterhaft gestaltet ist der entscheidende Augenblick in der Fußwaschung, den Niptra. Die alte Amme Eurykleia hat sich mit dem Waschbecken Odysseus zu Füßen gesetzt. Da fällt Odysseus ein, daß er ja am Fuße, unter dem Knie, eine Narbe hat, an der sie ihn unbedingt erkennen muß. Er versucht also, es so einzurichten, daß er im Dunkel sitzt, als die Alte mit ihrer Arbeit beginnt. Doch die Spannung des Lesers wird nun auf eine harte Probe gestellt. Wir erfahren zwar, daß Eurykleia die Narbe entdeckt, aber auf das Weitere, auf die Reaktion, müssen wir noch warten. Denn an das Stichwort «Narbe» hängt der Dichter eine über 70 Verse lange, genaue Erzählung über die Herkunft der Verletzung: auf der Jagd nach einem Eber wurde Odysseus in seiner Jugend verwundet, als er bei seinem Großvater Autolykos weilte, um sich die Geschenke abzuholen, die dieser ihm nach der Geburt versprochen hatte. Erst dann erfahren wir, daß Eurykleia erschrickt und Odysseus sie mit hartem Zugriff ermahnt, ihr Wissen für sich zu behalten: *In diese* (Narbe) *griff die Alte mit den nach unten gewandten Händen, erkannte sie, als sie darüberstrich, und ließ den Fuß los, daß er herabfuhr. Da fiel das Bein in die Wanne, und es erdröhnte* das Erz, und sie neigte sich auf die andere Seite über, und das Wasser ergoß sich auf die Erde. Sie aber ergriff zugleich Freude und Schmerz in ihrem Sinne, und die beiden Augen füllten sich ihr mit Tränen und es stockte ihr die heraufdringende Stimme. Und sie faßte das Kinn des Odysseus und sagte zu ihm: «Wahrhaftig, du bist Odysseus, liebes Kind! und doch erkannte ich dich nicht eher, ehe ich nicht meinen Herrn ganz betastet hatte.» Sprach es und blickte zu Penelopeia mit den Augen: sie wollte ihr anzeigen, daß ihr eigener Gatte im Hause wäre. Die aber vermochte nicht, zu ihr hinzublicken noch es gewahr zu werden, denn Athene hatte ihr den Sinn abgewendet. Odysseus aber faßte zu und packte sie mit der Hand, der rechten, an der Kehle und zog sie mit der anderen näher zu sich heran und sagte: «Mütterchen! warum willst du mich verderben? Du hast mich selbst genährt an deiner Brust, und jetzt, nachdem ich viele Schmerzen ausgestanden, bin ich im zwanzigsten Jahre in das väterliche Land gekommen. Doch da du es gewahrtest und ein Gott hat es dir in den Sinn gelegt: schweige! damit es kein anderer in den Hallen erfahre! Denn so sage ich es heraus, und dieses wird auch vollendet werden: wenn denn ein Gott durch mich die

Odysseus wird von Antiphata bei der Fußwaschung an einer alten Narbe erkannt; rechts der Sauhirt Eumaios (der Vasenmaler gibt in seiner Darstellung eine andere Version der Niptra als Homer, Od. 19, 357f). Skyphos des Penelope-Malers. Um 435 v. Chr. Chiusi, Museo Civico

erlauchten Freier überwältigt, so werde ich, und bist du auch meine Amme, vor dir nicht innehalten, wenn ich die anderen dienenden Frauen in meinen Hallen töten werde!» (Od. 19, 467–490)

Strukturen und Responsionen

Wie wir schon bemerkten, ergibt sich die Ansicht von der einheitlichen Komposition der homerischen Gedichte unter anderem mit besonderer Deutlichkeit aus der strukturalen Gliederung, aus der Architektonik der Epen, das heißt aus dem oftmaligen Inbezugsetzen einzelner Teile und aus den vielen Verweisen innerhalb der Dichtung. Als Beispiel für derartige Szenenresponsion und als einen Beleg für planvollen Aufbau wählen wir die kunstvolle Einbettung und Gestaltung von vier Szenen der *Ilias,* in denen uns der Dichter die drei Haupthelden Diomedes, Patroklos und Achilleus vor Augen führt. Durch einander entsprechende Darstellungselemente ist jeweils eine Begegnung mit dem Gott Apollon so gezeichnet, daß die wirkungsvolle Einsetzung schon bekannter Elemente den Leser auf das Kommende vorzubereiten vermag. In zwei analog gebauten Szenen wird den ihr Maß überschreitenden Menschen von Apoll gewissermaßen das delphische Wort «Erkenne dich selbst (in deinen dir als Mensch gesteckten Grenzen)» drastisch vor Augen geführt. Als Diomedes im Laufe seiner Aristie, nachdem er große Heldentaten vollbracht hat, gegen Aineias anstürmt, läßt er außer acht, daß der Gott selbst ihn bei drei wiederholten Versuchen dreimal vor den Schild stößt: *Gegen Aineias aber stürmte der gute Rufer Diomedes, der doch erkannte, daß selbst über ihn die Hände hielt Apollon. Aber er scheute auch nicht den großen Gott und strebte immer, Aineias zu töten und ihm die berühmten Waffen abzuziehen. Dreimal sprang er da an, ihn zu töten begierig; dreimal stieß ihm gegen den schimmernden Schild Apollon. Doch als er nun das viertemal anstürmte, einem Daimon gleichend, da sprach mit schrecklichem Zuruf zu ihm der Ferntreffer Apollon: «Besinne dich, Tydeus-Sohn, und weiche! und wolle nicht Göttern gleich gesonnen sein, da niemals vom gleichen Stamm die unsterblichen Götter sind und die am Boden schreitenden Menschen!» So sprach er, und der Tydeus-Sohn wich ein wenig zurück nach hinten, den Zorn vermeidend des Ferntreffers Apollon.* (Il. V 432–444)

Die zweite Szene zeigt Patroklos, der gegen den ausdrücklichen Befehl des Achilleus – durch den Sieg über den Zeus-Sohn Sarpedon leichtsinnig geworden – fortfährt, gegen die Troer zu wüten: *«Hast du sie aus den Schiffen vertrieben, so kehre zurück! Wenn aber wieder dir gibt, Prangen zu gewinnen, der starkdröhnende Gatte der Here: daß du nicht ohne mich verlangst zu kämpfen mit den Troern, den kampfliebenden – geringer an Ehre würdest du mich machen! –, und daß du nicht in der Freude an Kampf und Feindseligkeit, die Troer mordend, gegen Ilios die Männer anführst! Das nicht vom Olympos einer der Götter, der für immer geborenen, dazwischentritt, denn sehr liebt die der Ferntreffer Apollon.»* (Il. XVI 87–94) Aber auch ihn trifft der Zorn des Gottes: Apollon tritt auf den Turm, stellt sich dem Anstürmenden entgegen und stößt ihn bei dreimaligem Versuch, die Mauer zu ersteigen, dreimal mit gebieterischer Macht zurück:

Da hätten die hochtorige Troja genommen die Söhne der Achaier unter des Patroklos Händen, denn rings voran wütete er mit der Lanze, wäre nicht Apollon Phoibos auf den gutgebauten Turm getreten, ihm Verderbliches sinnend und den Troern helfend. Dreimal stieg auf den Vorsprung der Mauer, der hohen, Patroklos, und dreimal stieß ihn zurück Apollon, mit den unsterblichen Händen gegen den Schild, den schimmernden, stoßend. Doch als er nun das viertemal anstürmte, einem Daimon gleichend, da sprach mit schrecklichem Zuruf zu ihm der Ferntreffer Apollon: «Weiche, zeusentsproßter Patroklos! Nicht ist dir Bestimmung, daß unter deinem Speer die Stadt vernichtet werde der stolzen Troer, noch auch unter dem des Achilleus, der doch weit besser ist als du!» So sprach er, Patroklos aber wich weit zurück nach hinten, den Zorn vermeidend des Ferntreffers Apollon. (Il. XVI 698–711)

Die beiden Szenen sind formal analog aufgebaut: je neun Verse umfassen die Schilderung des Tatbestandes[45]; beide Male findet sich das Element des dreimaligen Anstürmens und des vierten Versuchs, der zum endgültigen Eingreifen des Gottes führt, ausgedrückt jeweils durch wiederholte Verse. Die Rede des Apollon umfaßt in beiden Fällen je drei Verse[46], und beide Szenen werden mit fast identischen Versen, in denen das Zurückweichen des Helden festgehalten wird, abgeschlossen. Und doch zeigen sich bemerkenswerte Unterschiede: den beiden Apollonreden ist nur gemeinsam das befehlerische «*Weiche*»; für Diomedes, dem der Gott sein Menschsein vorhält mit dem Hinweis auf die Grenze zwischen Mensch und Göttern, bedeutet das Eingreifen Apollons nur ein Aufschieben, ein Bis-Hier-Her-und-Nicht-Weiter ruft ihm der Gott entgegen. Ganz folgerichtig heißt es in dem der Rede des Gottes folgenden Vers (443) auch, daß der Tydeus-Sohn *ein wenig zurückwich nach hinten*, und Apollon, der Aineias entrückt, beklagt sich wenig später bei Ares und gesteht damit ein, daß er außer einer Mahnung nichts ausgerichtet hat: «*Ares, Ares! du Menschenverderber! Blutbesudelter! Mauerzerstörer! Könntest du nicht hingehen und diesen Mann vom Kampfe abziehen, den Tydeus-Sohn, der jetzt wohl selbst mit Zeus, dem Vater, mag kämpfen?*» (Il. V 455–457) Wesentlich anders hingegen ist die Situation bei Patroklos. Auch ihm befiehlt der Gott «*Weiche*», doch dann folgt eine Prophezeiung: Apollon läßt uns einen Blick auf den Fortgang des Geschehens werfen, solcherart sein göttliches Vorauswissen ausspielend. «*Nicht ist es dir Bestimmung* (aîsa), *daß unter deinem Speer vernichtet werde die Stadt der stolzen Troer noch unter dem des Achilleus.*» Bestimmung nämlich ist es für beide, daß sie das Ende des Krieges nicht erleben werden. Patroklos stirbt in unmittelbarer Folge, in den Rücken getroffen von Apollon, der ihn der Waffen beraubt, verwundet von Euphorbos und getötet von Hektor.[47] Achilleus' Tod erfolgt erst nach dem Ende unserer *Ilias* und wird verursacht durch einen von Apollon abgelenkten Pfeil des Paris. Für Patroklos bedeutet die Begegnung mit Apollon nicht nur einen Aufschub, sondern sie bringt bereits den Hinweis auf den Untergang. Darauf deutet die Prophezeiung nachdrücklich hin, doch auch der gegenüber der Szene mit Diomedes nur wenig, aber bedeutungsvoll abgeänderte Vers nach der Rede des Gottes (710): Patroklos weicht, zum Unterschied von Diomedes, dessen Schritt nur gehemmt wurde *w e i t zurück nach hinten.* Sein

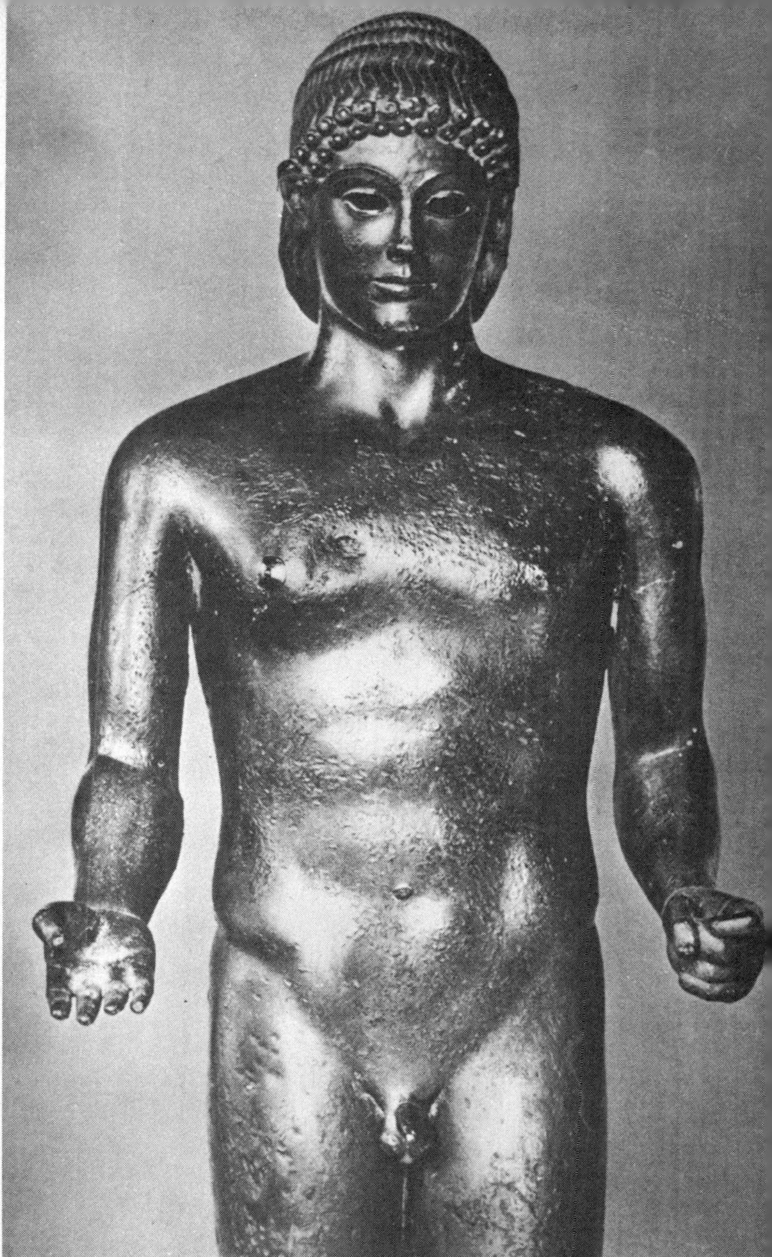

Apollon von Piombino. Bronzestatuette, um 500 v. Chr. Paris, Louvre

Fehler war doppelt: er hat die Weisung Achills nicht beachtet und versucht, sich über den Gott zu erheben.

Doch die Bezogenheit der Szenen setzt sich noch fort. Noch einmal blitzt nach der Warnung durch Apollon die maßlose Kampfeswut des Helden auf. Fast hat er Hektor selbst schon ergriffen, doch der Kampfverlauf führt sie wieder auseinander. Als der Schlachttag zur Neige geht, kündigt sich dem Leser schon durch die mit vertrauten Bestandteilen gestaltete Szene an, daß sich des Patroklos Schicksal erfüllt: *Patroklos aber sprang, ihnen Schlimmes sinnend, unter die Troer. Dreimal sprang er da an, gleichwiegend dem schnellen Ares, schrecklich schreiend, und dreimal tötete er neun Männer. Doch als er nun das viertemal anstürmte, einem Daimon gleichend, da nun erschien dir, Patroklos! das Ende des Lebens, denn entgegen trat dir Phoibos in der starken Schlacht, der furchtbare. Der bemerkte ihn nicht, wie er durch das Gewühl herankam, denn von vielem Nebel umhüllt kam er ihm entgegen.* (XVI 783–790) Wir erkennen dieselben Kompositionselemente, und wieder ist es Apollon, der zum Schaden des Menschen eingreift. Den Höhepunkt dieser mit planvoller poetischer Absicht in steter Steigerung verwendeten Szenenbestandteile bilden schließlich die Linien, die vom Tode des Patroklos zum Verweis auf den Tod seines besten Freundes Achilleus führen, in dessen Rüstung er kämpft, und der, um ihn an Hektor zu rächen, seinen eigenen Tod auf sich nehmen wird: In der großen Schlacht des 20. Buches, in der Achilleus und Hektor durch die Götter gehindert werden, entscheidend gegeneinander zu kämpfen, kehren noch einmal die bekannten Elemente wieder, als Hektor seinen Speer auf Achilleus schleudert, er aber von Athene zurückgelenkt und Hektor durch Apollon vor dem anstürmenden Helden gerettet wird: *Aber Achilleus stürmte begierig an, ihn zu töten begehrend, schrecklich aufschreiend. Doch den entraffte Apollon, sehr leicht, wie eben ein Gott, und hüllte ihn in vielen Nebel. Dreimal sprang ihn da an der fußstarke göttliche Achilleus mit der Lanze, der ehernen, und dreimal schlug er in tiefen Nebel. Doch als er nun das viertemal anstürmte, einem Daimon gleichend, da sprach er mit schrecklichem Zuruf zu ihm die geflügelten Worte: «Wieder entrannst du jetzt dem Tod, Hund! Wahrhaftig, schon nahe kam dir das Unheil! Jetzt rettete dich wieder Phoibos Apollon, zu dem du wohl betest, wenn du gehst in das Dröhnen der Speere. Doch gewiß, ich mache ein Ende mit dir, auch später, wenn ich dich treffe, wenn denn einer der Götter auch mir ein Helfer ist! Jetzt aber gehe ich gegen die anderen Troer, wen immer ich erreiche!»* (Il. XX 441–454)

Noch manches andere dieser Art läßt sich beobachten, wie zum Beispiel in der *Odyssee* die kunstvoll angelegte Vorbereitung und durch stete Steigerung ausgezeichnete Durchführung der verschiedenen Beschimpfungen und Demütigungen, die Odysseus seitens der Freier und der schlecht gesinnten Angestellten seines Hauses erfahren muß. Zuerst ist es der Ziegenhirt Melanthios, der den schmutzigen Bettler verhöhnt (17, 217f), ihm mit dem Fuß einen Tritt versetzt und in seiner Verspottung ankündigt, daß den Odysseus so mancher von den Männern auf ihn geschleuderter Schemel treffen wird (17,231f). Konkreter schon ist der Zornausbruch des Freiers Antinoos: «*Telemachos, großer Redner! Unbändiger in deinem Drange! Was hast du gesagt! Wollten ihm die Freier* soviel *reichen, so würde er für drei Monate von dem Hause wegbleiben!» So sprach er und langte nach einem Schemel und brachte ihn unter dem Tisch zum Vorschein, der dort stand und auf den er während des Schmauses sie glänzenden Füße zu stützen pflegte.* (17, 406–410) So vorbereitet wundert es den Leser nicht mehr, daß bald darauf wirklich ein Schemel nach Odysseus geschleudert wird: *So sprach er und ergriff den Schemel und warf ihm diesen an die rechte Schulter, zuhinterst gegen den Rücken hin. Er aber stand festgewurzelt wie ein Felsen, und der Wurf des Antinoos machte ihn nicht wanken, sondern er bewegte stumm sein Haupt, tief über Bösem sinnend.* (17, 462–465) Der erste Wurf hatte den Bettler-Odysseus immerhin noch getroffen, der zweite mit einer Fußstütze verfehlt ihn, trifft statt dessen den Mundschenken und hat damit noch eine gewisse Wirkung (18, 394–397), der dritte Wurf, diesmal ein Kuhfuß, geht völlig ins Leere, solcherart die schwindende Position der Freier symbolisierend: *So sprach er* (Ktesippos) *und warf einen Kuhfuß mit der derben Hand, den er aus dem Korbe nahm, in dem er lag. Doch Odysseus wich aus, indem er leicht den Kopf zur Seite neigte, und lächelte gar ingrimmig in dem Gemüte. Der aber traf die gutgebaute Wand.* (20, 299–302) Dazwischen sind, um auch die Haltung der weiblichen Dienerschaft zu beleuchten, zwei einander entsprechende freche Verhöhnungen des Bettlers durch die Magd Melantho, die Schwester des Ziegenhirten, eingelegt.

Formelhafte Sprache und typische Szene

Sehr wichtige Kompositionsmittel des homerischen Dichters sind aus der Praxis der «oral composition» übernommen, freilich ganz spezifisch verändert: Formel und typische Szene.

Bei dem für die homerische Dichtung so wichtigen Kompositionsmittel der Formel begeben wir uns schon mit der bloßen Definition in einen vielverhandelten Problemkreis. Gerade aus dem Fragenkomplex um Epitheta (schmückende Beiwörter) und Formel heraus entwickelten sich die Forschungsarbeiten Milman Parrys, der in diesen Elementen immer mehr das ursprüngliche und eigentlich mündlich Überlieferte der Dichtung zu erkennen glaubte. Nach Parrys Definition kann man unter einer Formel im wesentlichen einen Ausdruck bzw. eine Wortgruppe verstehen, die mehrmals unter gleichen oder wenigstens ähnlichen metrischen Bedingungen wiederkehrt und einen bestimmten, fest umrissenen Gedanken zum Ausdruck bringt. Das Epitheton sollte ursprünglich den Sinn eines Adjektivs oder Substantivs erweitern bzw. bei einem Namen eine bestimmte Vorstellung assoziieren lassen, doch haben viele Epitheta ihre eigentliche Bedeutung eingebüßt oder können überhaupt nur mehr in Verbindung mit ihren Bezugswörtern bestehen. Das gilt vor allem für die Götterbeinamen wie die *kuhäugige* Hera, die *eulenäugige* Athene, die *goldene* oder *lächelnliebende* Aphrodite, die *silberfüßige* Thetis und Poseidon, den *Erderschütterer* oder *Erdbeweger*. Die Hauptgestalten der Götter und der Menschen haben eine Vielzahl von Beiwörtern: für Zeus werden ca. 40, für Achilleus 35 Epitheta verwendet. Wenn wir zur Erläuterung nur auf die ersten 40 Verse der *Ilias* blicken, begegnen uns folgende Beiwörter und formelhafte Wendungen: der *Atreus-Sohn, Herr der Männer*; der *göttliche Achilleus*; die *schnellen Schiffe der Achaier*; der *Ferntreffer Apollon*; die *Atreus-Söhne, Ordner der Völker*; die *gutgeschienten Achaier*; die *prangende Lösung*; die *hohlen Schiffe*; das *vieltosende* (oder, an anderen Stellen, *weinfarbene, unfruchtbare, unermeßliche*) *Meer*; die *schönhaarige Leto*; Apollon, der *Silberbogner*; der *Vertreiber der Feldmäuse*; der *liebliche Tempel*; die *fetten Schenkel von Stieren oder Ziegen.* Die Liste ist vielleicht nicht vollständig, denn je nach der Auffassung von den Begriffen Epitheton und Formel könnte man noch das eine oder andere hinzunehmen. Es ist an diesen Beispielen abzulesen, wie immens formelhaft die Sprache der Gedichte ist und wie plastisch dadurch eigentlich die Aussagen werden.

In engem Zusammenhang mit der Verwendung von Formeln steht auch das Phänomen der Iterata, der unverändert wiederholten Verse, die zirka ein Drittel des Versbestandes der *Ilias* ausmachen (in der *Odyssee* ist ein geringerer Prozentsatz an Versen wiederholt). Diese Verse haben allerdings verschiedenen Verwendungszweck. Formelhafte Wirkung haben sie nur, wenn sie für einen typischen Vorgang verwendet werden oder zur Beschreibung fester Handlungsbestandteile dienen, nicht aber, wenn zum Beispiel einer der Götter oder Helden seinen Herold oder Boten mit einem Auftrag wegschickt und dieser Auftrag dann vor dem Empfänger in wortgetreuer Wiederholung noch einmal gegeben wird. In die erste Gruppe gehören die bekannten Formelverse, wie zum Beispiel: *Da antwortete und sprach zu ihm der fußschnelle Achilleus*; oder: *Da sah ihn von unten herauf an und sagte zu ihm der göttliche Achilleus*; oder: *Da sagte wieder zu ihm die Göttin, die helläugige Athene*; oder: *Da antwortete und sagte zu ihr der Wolkensammler Zeus*; oder: *Da entgegnete ihr hinwieder der verständige Telemachos* usw.

Daß Verse nur an der Beschreibung eines Vorgangs haften können, zeigt folgendes Beispiel. Als Agamemnon den Angriff auf die Troer beginnt, heißt es: *Und seinem Wagenlenker befahl darauf ein jeder, die Pferde gut nach der Ordnung dort am Graben zurückzuhalten.* (XI 47f) Mit genau diesen Versen veranschaulicht der Dichter aber bald darauf auch den Beginn von Hektors Angriff auf das achaiische Lager (XII 84f).

Im Kern haben wir mit diesem Beispiel das Wesentliche einer typischen Szene vor uns. So manche öfters wiederkehrende Situation wird vom Dichter im großen und ganzen nicht neu gestaltet, sondern mit bestimmten, für diesen Zweck geschaffenen Elementen geschildert, wobei in Einzelheiten natürlich nicht geringe Abweichungen begegnen. In diese Typik gehören folgende Szenen: Rüstung, Kampf, Versammlungs- und Individualrede; Gebet, Opfer, Mahl; Ankunft und Weggehen, Besuch, Entsenden von Boten und Überbringung von Botschaften; Traum; Abfahrt des Schiffes, Landung; Wagenfahrt und vieles andere mehr. Zur Erläuterung greifen wir zwei Szenentypen heraus: Rüstung (Wappnung) und Speiseopfer mit anschließender Mahlzeit.

Das Schema einer Rüstungsszene läßt sich am reinsten an der Rüstung des Paris im 3. Gesang der *Ilias* demonstrieren: *Er aber tauchte mit den Schultern in die Waffen, die schönen, der göttliche Alexandros, der Gatte der schönhaarigen Helena. Die Beinschienen legte er zuerst um die Unter-*

schenkel, schöne, mit silbernen Knöchelplatten versehen. Zum zweiten dann tauchte er mit der Brust in den Panzer seines Bruders Lykaon, und er paßte ihm. Und um die Schultern warf er sich das Schwert mit silbernen Nägeln, das eherne, und dann den Schild, den großen und festen. Und auf das starke Haupt setzte er den gutgefertigten Helm mit dem Roßschweif, und schrecklich nickte von oben herab der Busch, und ergriff die wehrhafte Lanze, die ihm in die Hände paßte. Und ganz so tauchte Menelaos, der streitbare, in die Waffen. (Il. III 328–339) Die Reihenfolge der Anlegung der Waffen ist die praktisch-wirkliche, wie sie uns auch die archäologischen Denkmäler vor Augen führen[49]: erst die Beinschienen, dann Panzer, Schwert und Schild, und zuletzt der Helm mit dem schreckerregenden wippenden Helmbusch, der bewirkt, daß sich Hektors Sohn Astyanax vor dem Vater so sehr fürchtet![50] Dieses Grundschema ist allen anderen Wappnungen unterlegt, doch finden sich manche Variationen in Einzelheiten. Bei der Rüstung des Agamemnon fügt der Dichter eine Beschreibung des kunstvollen Brustpanzers und des reichverzierten Schildes ein (XI 16–46), die Rüstung des Patroklos mit den Waffen des Achilleus ist um eine ausführliche Beschreibung des Streitwagens und des Gespannes mit den beiden Pferden Xanthos und Balios erweitert (XVI 130–154), und etwas verkürzt und auf die besondere Situation der Göttin zugeschnitten begegnet es schließlich auch bei der Rüstung der Athene (Il. V 733–747). Die Wappnung des Achilleus hingegen ist, der immensen Bedeutung gemäß, weit über die soeben angeführten und alle anderen Rüstungsszenen gestellt. Zwar liegt auch hier das beschriebene Muster zugrunde, aber die Schilderung der Wirkung der von Hephaistos entworfenen Waffen, die in Gleichnissen beschrieben wird, verstärkt die entscheidende Bedeutung des Vorgangs: *Und inmitten rüstete sich der göttliche Achilleus. Und von seinen Zähnen kam ein Knirschen, die Augen aber leuchteten ihm wie der Glanz des Feuers, und in das Herz tauchte ihm Schmerz, unerträglicher, und voll Groll gegen die Troer tauchte er in die Gaben des Gottes, die ihm Hephaistos mit Mühe gefertigt. Die Beinschienen legte er zuerst um die Unterschenkel, schöne, mit silbernen Knöchelplatten versehen. Zum zweiten dann tauchte er mit der Brust in den Panzer, und um die Schultern warf er sich das Schwert mit silbernen Nägeln, das eherne, und darauf ergriff er den Schild, den großen und festen, und von dem ging weithin ein Glanz aus wie der des Mondes. Und wie wenn draußen auf dem Meer ein Glanz den Schiffsleuten erscheint von einem brennenden Feuer, und das brennt hoch auf den Bergen in einem einsamen Gehöft; die aber tragen gegen ihren Willen die Sturmwinde auf das Meer, das fischreiche, hinweg von den Ihren: so gelangte von dem Schild des Achilleus der Glanz zum Äther, von dem schönen, kunstreichen. Und den Helm erhob er und setzte ihn sich auf das Haupt, den schweren: der leuchtete wie ein Stern, der Helm mit dem Roßschweif, und um ihn flatterten die Mähnen, die goldenen, die dichtgedrängt um die Kuppe gelegt hatte Hephaistos. Und er versuchte sich selbst in den Waffen, der göttliche Achilleus, ob sie ihm paßten und sich leicht darin bewegten die prangenden Glieder. Die aber wurden ihm wie Flügel und hoben empor den Hirten der Völker. Und aus der Hülle zog er heraus die väterliche Lanze, die schwere, große, wuchtige: die konnte kein anderer der Achaier schwingen, sondern allein verstand sie zu schwingen Achilleus, die Esche vom Pelion, die seinem Vater geschnitten hatte Cheiron von des Pelion Gipfel, Mord zu sein den Helden.* (XIX 364–391)

Eine ganz bestimmte, wenn auch nicht durch einzelne Verse festgelegte Typik hat das Aufeinandertreffen zweier Kämpfer in der Schlacht: bevor der Kampf beginnt, reden sie einander an, nennen Namen und Herkunft und versuchen durch Prahlen mit berühmten Vorfahren einen psychologischen Vorteil zu erringen. Zwei vom Dichter besonders eindrucksvoll gestaltete Szenen seien herausgegriffen. Als Aineias und Achilleus aufeinandertreffen, beide Söhne von Göttinnen, beginnt Achilleus mit einer Schmährede, doch Aineas läßt sich nicht einschüchtern: «*Was aber ist es notwendig für uns, mit Streitworten und Scheltreden gegeneinander zu schelten, so wie die Weiber, die erzürnt wegen eines Streits, eines mutverzehrenden, aufeinander schelten, mitten auf die Straße gelaufen: viel, was so ist und auch nicht, weil der Zorn auch das befiehlt. Von der Kampfkraft aber bringst du mich nicht ab mit Worten, den Begierigen, ehe du nicht mit dem Erz entgegen gekämpft hast. Doch auf! schnell! Kosten wir denn voneinander mit den erzbeschlagenen Lanzen!*» (Il. XX 251–258) Danach kämpfen sie, und Einzelheiten des Kampfes werden geschildert. Eine besondere Situation ist aber dadurch gegeben, daß Achilleus' Tod bekanntlich erst nach Hektors Tod erfolgen kann, Aineias andererseits aber Troja lebendig verlassen wird. Keiner der beiden kann also im Kampf besiegt werden; das weiß auch der Leser. Es ist somit von besonderem Interesse, wie der Dichter die Szene beenden wird: in diesem Falle durch das Dazwischentreten des Poseidon, der Achilleus in Nebel hüllt, und Aineias vom Kampfplatz entrückt (321–329). Das berühmteste Beispiel für diesen Szenentypus ist das Aufeinandertreffen des Glaukos und Diomedes im 6. Gesang der *Ilias*, weil es in diesem Fall einen ganz besonders überraschenden Effekt gibt (VI 119–236). Bei ihrer Vorstellung, in die Glaukos zur Erklärung seiner Abstammung die Bellerophon-Erzählung einflicht, erkennen die beiden, daß sie von den Vätern her Gastfreunde sind – es kann also gar kein Kampf stattfinden, im Gegenteil, sie versichern einander ihrer Freundschaft und tauschen die Rüstungen! Bei dieser Gelegenheit macht der Dichter die Bemerkung, daß Zeus dem Glaukos wohl den Verstand geraubt hat in der Freude über das Erkennen: dieser gibt nämlich seine goldene Rüstung – Wert ca. 100 Ochsen – gegen die bronzene des Diomedes, die nur neun Ochsen wert ist!

Ein sehr wichtiger Vorgang in der homerischen Welt ist das Darbringen von Opfern, dem daher auch in der Dichtung Raum gegeben wird. Und wieder hat sich für die Darstellung eine Typik entwickelt, die dem natürlichen Vorgang bei einem Speiseopfer mit anschließender Mahlzeit entspricht. Ganz deutlich erkennbar ist in diesen Szenen die eben besprochene Wirkung von Formelversen. Die Mahlzeit, die sich an das Opfer anschließt, endet immer mit denselben Versen: der Leser kann folglich gut den Abschluß einer Szene erkennen und sich auf Neues einstellen. Je ein Beispiel aus *Ilias* und *Odyssee* soll diese Szenentypen repräsentieren. Es ist dabei höchst reizvoll zu beachten, wie der Dichter auf das ländliche Opfer des Eumaios, bei dem statt eines Rindes nur ein Schwein geopfert wird, das Muster der großen, vornehmen Opfer der *Ilias* überträgt und

Hephaistos übergibt Thetis die Waffen für Achilleus: zu erkennen ist der Schild, der Helm und die Beinschienen (knēmîdes) sowie Werkzeuge des Hephaistos. Trinkschale des Erzgießereimalers aus Vulci. Um 490–480 v. Chr. Berlin, Staatliche Museen (Charlottenburg)

nur ändert bzw. anpaßt, wo es unbedingt nötig ist.

Als sie aber gebetet und die Opfergerste geworfen hatten, zogen sie zuerst die Hälse der Opfertiere zurück und schlachteten sie und häuteten sie ab und schnitten die Schenkel heraus und umwickelten sie mit Fett, doppelt gefaltetem, und legten rohes Fleisch darauf. Und der Alte verbrannte sie auf Scheitern und träufte funkelnden Wein darauf, und neben ihm hielten die

Jünglinge die fünfzinkigen Gabeln in Händen. Als aber die Schenkel verbrannt waren und sie von den inneren Teilen gekostet hatten, zerstückelten sie das andere und spießten es auf Bratspieße und brieten es sorgsam und zogen alles herunter. Und als sie die Arbeit geendet und das Mahl bereitet hatten, speisten sie, und es war für den Mut kein Mangel an dem gebührenden Mahl. Doch als sie das Verlangen nach Trank und Speise vertrieben hatten, füllten Jünglinge die Mischkrüge bis zum Rand mit dem Trank und teilten allen zu, vorher spendend aus den Bechern. (Il. I 458–471; vgl. II 402–433) Dagegen nun das bescheidene Opfer bei dem Sauhirten auf Ithaka: *Als er so gesprochen hatte, spaltete er Holz mit dem erbarmungslosen Erze. Sie aber führten einen Eber herein, einen gar fetten, fünfjährigen. Den stellten sie alsdann an den Herd. Doch der Sauhirt vergaß die Unsterblichen nicht – er hatte die rechte Gesinnung –, sondern warf als erste Weihegabe Haare vom Haupte des weißzahnigen Schweins ins Feuer und betete zu allen Göttern, daß in sein Haus heimkehren möge der vielverständige Odysseus. Und schlug dann zu, ausholend mit dem Kloben von Eiche, den er beim Spalten zurückgelassen hatte, und den verließ der Lebensodem. Die anderen aber stachen ihn ab und sengten und zerstückelten ihn schnell. Er aber legte rohe Fleischstücke, der Sauhirt, die er als erste von allen Gliedern genommen hatte, auf das dicke Fett und warf sie ins Feuer, nachdem er sie mit dem Mehl der Gerste bestreut hatte. Dann schnitten sie das Übrige in Stücke und steckten es an die Bratspieße, brieten es sorgfältig und zogen alles herunter und warfen es auf Fleischbänke, alles miteinander. Und der Sauhirt stand auf, um einzuteilen, denn über die Maßen wußte er das Gebührliche in seinem Sinne. Und er teilte alles zu, indem er es aufteilte in sieben Teile: den einen Teil stellte er den Nymphen und dem Hermes, dem Sohn der Maia, hin und betete dazu, und wies die anderen einem jeden zu. Mit den durchlaufenden Rückenstücken des weißzahnigen Schweines aber ehrte er den Odysseus . . . und opferte die Weihestücke den Göttern, den für immer geborenen. Und nachdem er den Weihguß getan, gab er den funkelnden Wein dem Städtezerstörer Odysseus in die Hände. Der aber setzte sich zu seinem Anteil. Und Brot teilte ihnen Mesaulios zu . . . Und sie streckten die Hände aus nach den bereiten, vorgesetzten Speisen. Doch als sie sich das Verlangen nach Trank und Speise vertrieben hatten, räumte ihnen Mesaulios das Brot hinweg, und mit Brot und Fleisch gesättigt, wollten sie zur Ruhe eilen.* (Od. 14, 418–456 passim) Man erkennt den Unterschied: Das Schwein wird nicht mit dem Messer geschlachtet, sondern durch einen Schlag mit einem Eichenknüppel getötet; die Haut wird nicht abgezogen, sondern nur gesengt; den fehlenden Altar vertritt der Herd. Das Schema aber entspricht den vielen anderen Opfer- und Speiseszenen, die uns in den homerischen Epen begegnen, und die Formelverse zur Bezeichnung der Vorgänge sind dieselben wie bei allen anderen Opfern.

Ein besonderes Problem ist es für jede erzählende Dichtung, Dinge zu beschreiben und zu vergegenwärtigen, die an sich nicht beschrieben werden können. Homer hat es in dieser Hinsicht zu großartiger Meisterschaft gebracht, indem er bei Übergroßem, sich Worten Entziehendem einfach die Wirkung, die es auf Menschen hat, wiedergibt: eine Kunst, die schon Lessing bewunderte. Nirgends in den Gedichten wird Helena, deren

Schönheit so hochberühmt ist, beschrieben. Keine noch so glänzende Schilderung freilich könnte der Beschreibung des Eindrucks gerecht werden, den sie bei ihrem Erscheinen auf dem Turm bei den troischen Greisen hervorruft: *Die saßen, die Volksältesten, auf den Skäischen Toren, durch ihr Alter schon des Kampfes ledig, doch Redner, tüchtige, Zikaden gleichend, die da im Wald auf dem Baum sitzend die lilienzarte Stimme entsenden. So saßen die Führer der Troer auf dem Turm. Wie diese nun die Helena sahen, wie sie auf den Turm kam, da redeten sie leise zueinander die geflügelten Worte: «Nicht zu verargen den Troern und den gutgeschienten Achaiern, um eine solche Frau lange Zeit Schmerzen zu leiden! Gewaltig gleicht sie unsterblichen Göttinnen von Angesicht! Aber auch so – eine solche Frau! – kehre sie heim in den Schiffen, daß sie nicht uns und den Kindern hernach zum Unheil zurückbleibt.»* (Il. III 149–160) Als Menelaos und Alexandros einander gegenübertreten, ergreift Staunen die Zuschauer (III 340–343). Oder: als Aias auf Hektor zuschreitet, freuen sich die Achaier, die Troer aber überkommt Angst und Zittern in

Heilige Hochzeit (híeros gámos) von Zeus und Hera. Holzrelief aus dem Heraion von Samos. Um 620 v. Chr. Heute verschollen

den Knien, und Hektor selbst klopft das Herz in der Brust: *So sprachen sie, und Aias rüstete sich mit funkelndem Erz. Doch als er alle Waffen angetan hatte an dem Leib, da stürmte er los, wie der ungeheure Ares schreitet, der in den Kampf geht unter die Männer, welche Kronion aneinanderbrachte, in der Kraft des mutverzehrenden Streits zu kämpfen. So erhob sich Aias, der ungeheure, die Schutzwehr der Achaier, lächelnd mit finsterem Antlitz, und unten mit den Füßen ging er groß ausschreitend und schwang die langschattende Lanze. Und über ihn freuten sich auch die Argeier, als sie ihn sahen, den Troern aber überkam schreckliches Zittern die Glieder einem jeden, und Hektor selbst schlug das Herz in der Brust.* (Il. VII 206–218)

Die schönsten Schilderungen findet Homer, wenn er die Spiegelung des Eindrucks oder des Wirkens von Göttern beschreibt. Als Poseidon zu Beginn des 13. Gesangs der *Ilias* von seinem unterseeischen Palast ausfährt in der Pracht des Gottes, gekleidet in Gold, *hüpften die Seeungeheuer unter ihm überall her aus den Schlünden und verkannten nicht ihren Herrn. Und in Freude trat auseinander das Meer.* (XIII 27f) – Besonders eindrucksvoll krönt der Dichter seine Erzählung von der Verführung des Zeus durch seine Gattin. Heras Furcht vor Zusehern beim Liebesakt zerstreut Zeus mit dem Versprechen, sie beide in eine dichte Wolke zu hüllen. Der Dichter bringt uns die Wirkung der Vereinigung des Götterpaares mit einem Blick auf die Natur nahe: *Sprach es, und mit den Armen packte der Sohn des Kronos seine Gattin. Und unter ihnen ließ wachsen die göttliche Erde frisch sprossendes Gras und Lotos, tauigen, und Krokos und Hyakinthos, dicht und weich, der sie von der Erde emporhob. Darauf lagerten sich beide und zogen über sich eine Wolke, eine schöne, goldene, und es fielen hernieder glänzende Tropfen Tau.* (Il. XIV 346–351)

Eine sehr wirksame Methode, besondere Leistungen zu vergegenwärtigen, ist die Überhebung der Männer einer früheren Zeit über die heutigen, die Aussage, daß die Männer früher besser, stärker usw. waren, verglichen mit den Männern, wie sie heute sind.[51] So trifft Diomedes während seiner Großtaten im 5. Gesang der *Ilias* Aineias mit einem Feldstein, von dem es heißt, daß ihn nicht einmal zwei der Männer von heute heben könnten (302f). Ganz ähnliche Aussagen kehren noch an anderen Stellen des Epos wieder.[52] Vor allem der greise Nestor ist es, der, nun schon in der dritten Generation lebend, immer wieder von den früheren Zeiten erzählt, als die Männer noch anders, meist besser waren.[53]

Ein besonderes Kennzeichen des epischen Erzählstils, meist als Signal für einen Umschwung der Handlung, ist die Aussage, daß etwas «so und so verlaufen wäre, wenn nicht . . .», oder «da wäre noch Ärgeres passiert, hätte nicht . . . eingegriffen». Meistens ist es ein Gott, der die Dinge wieder in den rechten Ablauf bringt: so Il. I 188–196, wo Achilleus Agamemnon töten würde, wenn Athene ihn nicht zurückhielte, oder III 373–376, als Menelaos Paris zu Tode geschleift hätte, ihn haltend am Helmband, hätte es nicht Aphrodite bemerkt und das Band reißen lassen. Oder: *Da hätten die hochtorige Troja genommen die Söhne der Achaier unter des Patroklos Händen, denn rings voran wütete er mit der Lanze, wäre nicht Apollon Phoibos auf den gutgebauten Turm getreten, ihm Verderbliches sinnend und den Troern helfend.* (Il. XVI 698–701) Oder:

Da hätte leicht die berühmten Waffen des Panthoos-Sohnes der Atride davongetragen, hätte es ihm nicht mißgönnt Apollon, der gegen ihn Hektor erregte gleichwiegend dem schnellen Ares, einem Manne gleichend, dem Anführer der Kikonen Mentes. (Il. XVII 70–73)[54]

Das homerische Gleichnis

Die höchste und feinste Kunst der Veranschaulichung konkreter wie abstrakter Vorgänge, Gegenstände, ja Gefühle zeigt das homerische Gleichnis. Ist das Gleichnis an sich ein fester Bestandteil epischer Technik und auch in außergriechischer Dichtung vertreten, so wird es doch nirgends mit der besonderen Virtuosität Homers gehandhabt. Wenn wir sagten, das Gleichnis, der Vergleich, diene der besseren Veranschaulichung, so haben wir nur einen kleinen Teil der Anwendungsbreite dieses Phänomens erfaßt, die außer der Verdeutlichung von Geschehensabläufen auch die Erklärung oder eindringliche Darstellung von Gegenständlichem und die Beschreibung von Menschen und Tieren beinhaltet. Durch das Gleichnis wird der Hörer gezwungen, an Hand einer oder mehrerer, oft aus ganz anderen Gebieten genommener Analogien das Beschriebene zunächst abstrakt noch einmal durchzudenken und schließlich, indem er die konkrete Verbindung zwischen beiden Bereichen herstellt, für die ursprüngliche Aussage zu einem tieferen Verständnis zu kommen. Darüber hinaus erreicht der Dichter durch die Wahl einprägsamer Vergleichspunkte, daß das Gleichnis und das Verglichene besonders nachhaltig im Gedächtnis bleiben.

Ein wichtiger Anwendungsbereich dieser Technik sind Vorgänge, die für die menschliche Phantasie nicht ohne weiteres ausmeßbar sind und daher nicht sofort erfaßt werden können. Das gilt vor allem für Kampfhandlungen: Wenn die Achaier vorstürmen, so ist es wie eine vom Westwind getriebene Woge (Il. IV 422–426), die beiden aufeinandertreffenden Heere gleichen zwei Bergströmen (IV 452–455), die Troer sind Hunden ähnlich, die einen wilden Eber verfolgen (XI 414–418) oder Schakalen, die einer verwundeten Hirschkuh nachsetzen (XI 474–481). An ganz wenigen Stellen, wenn es gilt, höchste Wirkung zu erzielen, bedient sich der Dichter einer Gleichniskette und stellt mehrere Vergleichungen hintereinander, so daß sich die Wirkung und die Anschaulichkeit vervielfacht. Ganz besonders kunstvoll ist die wichtige Szene gestaltet, als vor der Herzählung der einzelnen Truppenkontingente im Schiffskatalog der Dichter dem Leser den Anblick des ausziehenden Heeres nahebringt: *Wie ein vernichtendes Feuer hinflammt über den unendlichen Wald auf den Gipfeln des Berges, und von weitem ist sichtbar der Glanz: so drang, als sie dahinschritten, von dem Erz, dem unsäglichen, der Glanz, hellschimmernd, durch den Äther hinauf zum Himmel. Und sie – so wie viele Schwärme von geflügelten Vögeln, Gänsen oder Kranichen oder Schwänen mit langen Hälsen, auf der Asischen Wiese bei des Kaÿster Strömungen hierhin und dorthin fliegen, prunkend mit den Flügeln, mit Geschrei sich vorwärts niederlassend, und es erdröhnt die Wiese: so ergossen von denen sich viele Schwärme von den Schiffen und Hütten in die Ebene des Ska-*

mandros, und darunter die Erde dröhnte gewaltig unter den Füßen der Männer und Pferde. Und sie hielten an auf der Wiese des Skamandros, der blumigen, Zehntausende, so viele, wie Blätter und Blüten entstehen im Frühling. So wie viele Schwärme von dichtgedrängten Fliegen, die auf einem Viehhof umherschwirren zur Frühlingszeit, wenn von Milch die Gefäße triefen: ebensoviele am Haupte langgehaarte Achaier standen gegen die Troer im Feld, sie zu vernichten begierig. Und sie – so wie Hirtenmänner verstreut weidende Ziegenherden leicht auseinander trennen, wenn sie sich auf der Weide vermischten: so ordneten diese die Führer hierhin und dorthin, um in die Schlacht zu ziehen, und unter ihnen der gebietende Agamemnon, an Augen und Haupt Zeus gleichend, dem donnerfrohen, und dem Ares am Gurt und an der Brust dem Poseidon. Und wie ein Rind in der Herde groß hervorragend ist unter allen, ein Stier, denn er sticht hervor unter den versammelten Rindern: so machte den Atreus-Sohn Zeus an jenem Tage hervorstechend unter den vielen und hervorragend unter den Helden. (I 455–483)

Jedes dieser Gleichnisse hat aber für sich noch den Zweck, einen bestimmten Aspekt des Heeres zu betonen und dient dem Aufbau des sensuellen Gesamtbildes: das Feuer veranschaulicht das Glitzern der Waffen und Rüstungen, die Vögel stehen für den Lärm des Aufmarschs und die Fliegen für die Masse der Kämpfer und die Wucht des Angriffs. Die zwei Gleichnisse am Schluß machen die taktische Anordnung verständlich und heben Agamemnon noch eigens heraus. Fünf bzw. sechs Gleichnisse in knapp 30 Versen und jedes einzelne für sich so kunstvoll und dem Ganzen so dienlich – das begegnet einem auch bei Homer nur an wenigen Stellen!

Ein anderes Beispiel: Als am Ende des zweiten Schlachttages die Troer in der Ebene unter freiem Himmel übernachten, weiß der Dichter die große Zahl der Feinde anschaulich zu machen, indem er ihre Wachtfeuer den Gestirnen vergleicht, *tausend, und an jedem saßen 50 im Schein des brennenden Feuers* (VIII 553–563). Und wenn die Masse des Heeres im Kampf als Gesamtheit begreifbar gemacht werden soll, vergleicht der Dichter sie mit einer Wolke – so, wie man die Heere aus der Vogelperspektive wohl sehen würde: *Da erhoben sie sich und tauchten in die Waffen und stiegen auf die Wagen, die Kämpfer und die Lenker; voran die Wagenkämpfer, und dahinter die Wolke des Fußvolks, zehntausende ...* (XXIII 131–134) Oder: *«Du aber* (Patroklos) *tauche mit den Schultern in meine berühmten Waffen und führe an die Myrmidonen, die kriegliebenden, zu kämpfen, wenn denn die schwarze Wolke der Troer rings mit Macht die Schiffe umgibt.»* (XVI 64–67)[55]

Besonders wichtig ist das Gleichnis also für die Schilderung der Furchtbarkeit des Kampfes, der als Ganzes nicht ohne dingliche, faßbare Vergleichung vorstellbar ist. Wichtig ist das Gleichnis aber auch zum Vergegenwärtigen von göttlichem Geschehen, wenn es außerhalb der den Menschen verständlichen Realität liegt. Für beide Gleichnistypen sollen noch Beispiele folgen. Im 16. Gesang der *Ilias* stürmen die Griechen dank der Heldentaten des Patroklos mit unglaublicher Gewalt auf die Stadt Troja zu. Großartige Heldentaten vollbringt Patroklos, und er tötet sogar den Zeus-Sohn Sarpedon, ohne daß es dessen Vater gelänge, dies zu verhin-

Die Blendung des Polyphem. Halsbild einer frühattischen Amphora aus Eleusis. Um 670 v. Chr. Eleusis, Museum

dern. Das ist eine so ungeheure Tat, daß der Leser sie nicht überfliegen darf; durch mehrfaches Verweilen und Durchdenken soll er sich der Bedeutung des getöteten Mannes bewußt werden. Als Sarpedon fällt, begnügt sich der Dichter folglich nicht mit dem bloßen Hinweis, sondern er zeigt dieses Ereignis gewissermaßen in verschiedenen Einstellungen und verdeutlicht es dadurch: *Und er stürzte, wie wenn eine Eiche stürzt oder Silberpappel oder eine Fichte, eine hochragende, die in den Bergen Zimmermänner herausschlugen mit Äxten, neugeschliffenen, um ein Schiffsbalken zu sein: so lag er vor den Pferden und dem Wagen hingestreckt, brüllend, in den Staub verkrallt, den blutigen. Wie einen Stier ein Löwe tötet, in die Herde einfallend, einen braunroten, hochgemuten, unter den schleppfüßigen Rindern, und er verendet stöhnend unter den Kinnbakken des Löwen: so grollte unter Patroklos der Führer der schildtragenden Lykier, wie er getötet wurde.* (XVI 482–491) Und als es Odysseus gelingt, den Kyklopen zu überlisten, und er ihn mit dem Pfahl blendet, muß das Riesenhaft-Übersteigerte der Situation ebenso wie Mühen und Tatkraft der Gefährten und die technische Ausführung der Tat durch Vergleich anschaulich gemacht werden: *Wie wenn ein Mann einen Schiffsbalken anbohrt mit dem Bohrer, und die andern fassen zu auf beiden Seiten und wirbeln ihn unten herum mit dem Riemen, er aber läuft beharrlich fort und fort: so faßten wir den feuergespitzten Pfahl und drehten ihn in seinem Auge, und Blut quoll um ihn herum, den heißen. Und alle Wimpern rings und Brauen versengte ihm die Glut des Augapfels, der brannte, und es prasselten im Feuer seine Wurzeln. Und wie ein Mann, ein Schmied, eine große Axt oder ein Schlichtbeil in kaltes Wasser eintaucht, um es, das gewaltig zischende, zu frischen – denn das schafft wieder die Kraft des Eisens: so zischte sein Auge rings um den Olivenpfahl.* (Od. 9, 383–393) Und der Schmerz des Patroklos über das Schicksal der Achaier schließlich, der ihn nicht ruhen läßt und ihn veranlaßt, Achilleus um Waffen und Entsendung in den Kampf zu bitten, ist so ungeheuer groß, daß der Dichter sich zweier Gleichnisse zur Verdeutlichung bedient: Tränen vergoß der Held, *wie eine Quelle mit schwarzem Wasser, die den steilen Felsen hinab das dunkle Wasser gießt* (XVI 3f) und *wie ein Mädchen, ein kleines, das neben seiner Mutter herläuft und bittet, es aufzunehmen, und sie am Kleid faßt und zurückhält, die Eilende, und in Tränen sie anblickt, bis sie es aufnimmt* (XVI 7–10).

Die fast beklemmende Sicherheit des Dichters, Vergleiche mit nachhaltiger Aussagekraft einzusetzen, zeigt ein Gleichnis, das den Höhepunkt der Verfolgung Hektors durch Achilleus für den Leser unvergeßlich macht: Die im Traum erlebte Situation, daß man einen Flüchtenden nicht erreicht, obwohl man seiner beinahe habhaft wird – ein Angsttraum, der oft zum erschrockenen Erwachen führt. *Und so oft er ansetzte, auf die Dardanischen Tore zuzustürmen, unter die gutgebauten Türme, ob sie ihm irgendwie von oben beistünden mit ihren Geschossen: ebensooft kam jener ihm zuvor und drängte ihn vorher ab gegen die Ebene, flog selber aber immer an der Seite der Stadt hin. Und wie man im Traum nicht vermag, einen Fliehenden einzuholen; weder kann der ihm entfliehen noch der ihn einholen: so konnte der ihn nicht mit den Füßen erreichen und der nicht entkommen.* (XXII 194–201)

Besonders wichtig ist die Vergleichung bei plötzlichem Kommen und Gehen der Götter, deren Möglichkeiten in dieser Hinsicht den Menschen besonders schwer verständlich sind: – Von Zeus gesandt, kommt Athene aufs Schlachtfeld, *wie einen Stern entsendet der Sohn des Kronos, des krummgesonnenen, Schiffsleuten zum Zeichen oder einem breiten Heer von Männern, einen glänzenden, und von ihm sprühen ab viele Funken.* (IV 75–77) Und nachdem Poseidon in Gestalt des Kalchas die Aianten zum Widerstand ermutigt und mit Kraft erfüllt hat, begibt er sich weg, *wie ein Falke, ein schnellbeschwingter, auffliegt, der sich von einem steilen Felsen, einem sehr hohen, abhebt und zur Ebene stürmt, einen anderen Vogel zu jagen* (XIII 62–64). Doch dem Telamonier Aias blieb es nicht

Spätminoische Flasche mit dekorativer Oktopusdarstellung. Aus Palaekastro, Ostkreta. Um 1500 v. Chr. Heraklion, Museum

verborgen, daß es ein Gott und nicht Kalchas war, denn er *erkannte von hinten die Bewegungen der Füße und Schenkel, als er fortging* (XIII 71f).

Wir haben gesehen, daß das in die Erzählung eingeschobene Gleichnis den Fluß der Erzählung unterbricht: «wie wenn . . .», dann folgt eine mehr oder weniger ausgeführte Szene, und mit «so (auch) . . .» wird der Vergleich beschlossen. Dadurch, daß der Leser gezwungen wird, mit Hilfe der angebotenen Assoziation eine Situation oder Beschreibung nicht nur mehrmals zu durchdenken, sondern noch darüber hinaus Analogieschlüsse herzustellen, ergibt sich die vom Dichter gewünschte nachhaltige Intensivierung der Schilderung. In der *Ilias* werden von insgesamt ca. 170 Gleichnissen mehr als drei Viertel bei Kampfszenen verwendet, und auf Grund des Außerordentlichen der beschriebenen und verglichenen Situation erreicht der Dichter die angestrebte Wirkung relativ leicht.

In der *Odyssee* ist das anders. Nur etwas über 40 Gleichnisse lassen sich ausmachen, und der überwiegende Teil davon dient zur Verdeutlichung von ganz besonderen Gegebenheiten oder Situationen. Um auch für diese

Themengruppe die gewünschte Wirkung zu erzielen, muß der Dichter besonders einprägsame und originelle Vergleiche liefern. Erwähnt haben wir schon das Auge des Kyklopen; zwei weitere Beispiele sollen angefügt werden. Als Poseidon den Odysseus auf einem Floß sichtet, erregt er sofort einen furchtbaren Sturm, der das Floß erfaßt und es über das Meer trägt, *wie wenn der herbstliche Nord Disteln trägt über das Flachland, und dicht haften sie aneinander* (5, 328–332), und der Orkan wirbelte die Trümmer, *wie ein heftig wehender Wind einen Haufen dürrer Spreu aufwirbelt und die Hälmchen zerstreut hierhin und dorthin* (5, 368–370). Als Odysseus sich endlich, mit einer Woge reitend, gerettet glaubt, prallt er an den Felsen, klammert sich fest, wird jedoch wieder aufs Meer zurückgeworfen: *Und wie bei einem Polypen, den man aus seiner Behausung zieht, an den Saugnäpfen dichte Steinchen haften: so wurden ihm von den kühnen Armen Fetzen von Haut an den Steinen abgeschunden.* (5, 432–435) Zu lange wird Odysseus bei den Phaiaken durch die Gastfreundschaft des Königspaares zurückgehalten. Nach der langen Nacht mit der Erzählung seiner Abenteuer muß er noch einen Tag warten, während seine Gastgeber Geschenke auf das Schiff bringen, ein Opfer für Zeus veranstalten, und wieder der Sänger zur Leier greift: *Aber Odysseus wandte vielfach den Kopf zur Sonne, der hellscheinenden, denn es drängte ihn, daß sie unterginge, denn nunmehr verlangte ihn heimzukehren. Und wie wenn ein Mann nach dem Nachtmahl begehrt, dem den ganzen Tag zwei weinfarbene Rinder den festen Pflug über das Brachland zogen, und willkommen ging ihm das Licht der Sonne unter, daß er zum Nachtmahl davongehe, und geschwächt sind ihm die Knie, während er dahingeht: so willkommen ging dem Odysseus das Licht der Sonne unter.* (13, 28–35) Und als er nach

Thera. Ausgrabung nahe dem Dorf Akrotiri

Der Fischer. Thera, Wandmalerei aus dem Westhaus. Spätminoisch I, um 1500/1450 v. Chr. Athen, Nationalmuseum

seiner Heimkehr endlich die Nacht in seinem Haus verbringen kann und sich als Bettler in der Vorhalle zur Ruhe legt, muß er das Treiben der Mägde, die im Dunkeln zu den Freiern eilen, aus nächster Distanz miterleben. Trotz seiner unbändigen Empörung kann er noch nicht eingreifen: *Es bellt ihm das Herz in seinem Inneren, wie eine Hündin, über ihren schwachen Jungen stehend, einen Mann anbellt, den sie nicht kennt* (20, 10–13), und er wälzt sich unruhig und in äußerster Nervenanspannung auf seinem Lager: *Wie wenn ein Mann einen Magen, angefüllt mit Fett und Blut, auf vielem brennenden Feuer bald auf die eine und dann die andere Seite wendet und danach verlangt, daß er gar schnell gebraten werde: so wandte der sich von der einen auf die andere Seite und überlegte, wie er die Hände an die schamlosen Freier legen sollte: er, der Eine, an die Vielen.* (20, 25–30) Wir sind sicher, daß der Dichter mit solchen Vergleichen seinen Zweck erreicht: wer das gehört oder gelesen hat, der wird die Vorstellung von der Unruhe des Odysseus nicht wieder vergessen!

Knossos. Blick von den Südpropyläen in das Landesinnere; im Hintergrund der Berg Juchtas: im Vordergrund ein rekonstruiertes Kulthorn

Knossos. Westmagazine mit großen Pithoi (Vorratsgefäße zur Aufbewahrung von Getreide, Oliven, Öl usw.)

Knossos. Nordtor des Palastes. Säulenvestibül mit Stierrelief (z. T. wiederaufgebaut). Um 1600 v. Chr.

Knossos. Korridor der Palastwache im Großen Stiegenhaus. Um 1600 v. Chr.

Weiblicher Kopf, sog. Pariserin. Bruchstück eines Freskos aus dem Palast von Knossos. Spätminoisch I, um 1500/1450 v. Chr. Heraklion, Museum

Knossos. Megaron der Königin. Um 1600 v. Chr.

Kretische «Schlangengöttin». Fayencestatuette aus Knossos. 1600/1580 v. Chr. Heraklion, Museum

Die Götter Homers

Sie ging hinweg, die helläugige Athene, zum Olymp, wo sie sagen, daß der Sitz der Götter ist, der wankenlose immer. Weder von Winden wird er erschüttert noch auch von Regen je benetzt, noch auch naht Schnee ihm, sondern Himmelsheitre ist durchaus ausgebreitet, wolkenlos, und ein weißer Glanz läuft darüber hin. Auf ihm erfreuen sich die seligen Götter alle Tage. (Od. 6, 41–46) Die Pracht des Palastes des Zeus kann sich ein Sterblicher nicht vorstellen: *«Schau, Nestor-Sohn, das Funkeln von Erz rings in den hallenden Häusern, und von dem Gold und Bernstein und Silber und Elfenbein! So mag der Hof des Zeus, des Olympiers sein im Inneren, wie dieses unendlich Viele hier. Heilige Scheu faßt mich, wenn ich es sehe!»* (Od. 4, 71–75) sagt Telemachos zu Peisistratos, als sie den Palast des Menelaos in Sparta betreten, und jener entgegnet (78f): *«Nein, mit Zeus kann sich von den Sterblichen wohl keiner messen: denn unsterblich sind seine Häuser und seine Besitztümer.»*

Die Götter Homers sind übersteigerte Menschen. Nicht nur ihre Gestalt, auch ihre Umwelt entspricht menschlichen Vorstellungen. Das emotionelle Erfassen der Götter wird dadurch erleichtert, doch die Unterschiede sind deutlich: die Götter «leben» zwar, sie kennen aber den Tod nicht, und in ihren Adern fließt kein gewöhnliches Blut, sondern íchōr aus dem sie Kraft und Ewigkeit beziehen; sie essen Ambrosia und trinken Nektar, der ihnen ewige Jugend verleiht. Das Dasein der Götter entspricht äußerlich dem menschlichen, doch ist alles für sie ideal, prachtvoll und wunderbar: die *leichthin Lebenden* (rheîa zṓontes) nennt sie der Dichter darum. Doch sie kennen auch menschliches Empfinden: Sie sind gekränkt, wütend, sie streiten, lieben, intrigieren, sie empfinden Schmerz und haben Rachegelüste.

Um dem Gott gegenüber seine Scheu auszudrücken, betet und opfert der Mensch. Je reicher bei solcher Gelegenheit der vom verbrannten Opfertier zum Himmel steigende Fettdampf (knísē) ist, desto erfreuter sind die Götter, die diesen Dampf besonders gerne genießen. Zeus lobt deshalb die Troer: *«Denn so viele unter der Sonne und dem Himmel, dem bestirnten, Städte bewohnt werden von irdischen Menschen, von denen war mir überaus im Herzen geehrt die heilige Ilios und Priamos und das Volk des lanzenguten Priamos. Denn nicht fehlte es je meinem Altar an gebührender Speise, Weihguß und Fettdampf, denn das empfangen wir zur Ehrengabe.»* (Il. IV 44–49) Den Unsterblichen obliegt es vor allem, sich um die Angelegenheiten der Menschen zu kümmern, das Leben der Menschen gewissermaßen zu koordinieren. Die Wirkungsbereiche sind

Olympia. Zeus-Tempel. Errichtet 470–456 vom Architekten Libon aus Elis, zerstört durch Erdbeben (die Säulen befinden sich heute noch in Sturzlage)

dabei zugewiesen und festgelegt: durch Los erhielt Zeus den Himmel, Poseidon das Meer und Hades die Unterwelt. Die Erde aber und der Olymp sind allen Göttern gemeinsam (Il. XV 187–193). Die Götter informieren sich daher auch des öfteren nicht nur vom Himmel aus über das Treiben der Sterblichen, sondern sie mischen sich unter sie und beobachten ihr Verhalten: *«Durchwandern die Götter doch, Fremdlingen gleichend, in mancherlei Gestalt die Städte und blicken auf den Frevel der Menschen und ihr Wohlverhalten.»* (Od. 17, 485–487)

Die Menschen sind in hohem Maße vom Willen der Götter abhängig. Zwar haben sie, wie wir sahen, einen gewissen Freiraum zum Handeln und Entscheiden, aber die großen Linien des Schicksals werden von den Göttern gezogen. So sind Zwistigkeiten und Beleidigtsein der Götter die Gründe für die Kriege der Menschen: Poseidon ist Gegner der Troer, weil ihn ein früherer König der Stadt betrogen hat: Laomedon, für den er gemeinsam mit Apollon feste Mauern baute, zahlte nach deren Fertigstellung nicht den vereinbarten Lohn (Il. XXI 441–460). Hera und Athene hassen die Troer, weil der Priamos-Sohn Paris-Alexandros der Aphrodite und ihrer Gabe, Helena, den Vorzug gab (Paris-Urteil, XXIV 28–30). Und Hera ist sogar gerne bereit, ihre liebsten Städte Argos, Sparta und Mykene hinzugeben – *«vor diese stelle ich mich nicht!»* (IV 44) –, wenn Zeus ihr nur die Zerstörung Trojas erlauben möchte. Freilich gibt es schon in der homerischen Göttervorstellung eine Macht, die auch den

Korinth. Tempel des Apollon. Um 540 v. Chr. Sieben monolithe Säulen dorischer Ordnung stehen von dem 146 v. Chr., beim Brand der Stadt nach der Eroberung durch die Römer, zerstörten Tempel noch aufrecht.

Göttern übergeordnet ist: das persönliche Schicksal (moîra, aîsa), dessen Willen auch Zeus erst erkunden muß, indem er mit Hilfe einer goldenen Waage die Lose, die Schicksale, gegeneinander abwägt: einmal im 8. Gesang der *Ilias*, als er die Lose der Achaier gegen die der Troer setzt (VIII 69–77), und noch einmal, als er das Schicksal des Achilleus mit dem des Hektor vergleicht: *Da nun spannte der Vater die goldenen Waagschalen auseinander, und legte zwei Lose hinein des starkschmerzenden Todes, eines für Achilleus und eines für Hektor, den Pferdebändiger, faßte sie in der Mitte und zog sie hoch. Da senkte sich Hektors Schicksalstag und kam hinab bis zum Hades; und da verließ ihn Phoibos Apollon.* (XXII 209–213)

An den Kämpfen der Menschen, die für diese bitterer Ernst sind und viele dem Tode ausliefern, haben die Götter große Freude und beobachten sie gerne. Manchmal begeben sich Zeus und die anderen Olympier auch auf die Erde, um besser sehen zu können: Zeus setzt sich auf den Gargaros, einen Teil des Ida-Gebirges, wo er ein Heiligtum besitzt, *und blickte auf der Troer Stadt und die Schiffe der Achaier* (VIII 47–52). Und Poseidon beobachtet von Samothrake aus das Geschehen, ehe er sich nach Troja begibt, um selbst in den Kampf einzugreifen (Il. XIII 11–14). Doch nicht immer geht es bei den Unsterblichen ganz so ernst zu. Während die Menschen auf Leben und Tod kämpfen, macht es den Göttern gelegentlich Spaß, sich zu balgen, und Zeus, der Vater und das Oberhaupt der göttlichen Society, krümmt sich vor Lachen. Als endlich für kurze Zeit Frieden herrscht auf dem Schlachtfeld der Erde, da *fiel in die Götter Streit, schwer lastender, schmerzlicher, und zwiefach wehte ihnen der Mut im Inneren. Und zusammen stießen sie mit großem Lärm, und es krachte die breite Erde, und rings trompetete der große Himmel. Und Zeus vernahm es, sitzend auf dem Olympos, und es lachte ihm sein Herz vor Freude, als er sah, wie die Götter im Streit zusammenkamen.* (Il. XXI 385–390) Und welch eine Rauferei folgt dann! Athene schlägt Ares und auch gleich Aphrodite nieder, als diese ihn wegführen will, und beide stürzen zu Boden. Hera schlägt Artemis ihre eigenen Pfeile um die Ohren, bis sie weinend davonläuft. Hermes aber weigert sich, mit Leto zu kämpfen, und er hat eine sehr einleuchtende Begründung dafür: er möchte sich nicht mit den Frauen des Zeus anlegen! Als auch Poseidon kämpfen will und im abseits stehenden Apollon einen Gegner sieht, erhält er von diesem eine schroffe Abfuhr: Apollon lehnt es ab, sich der elenden Sterblichen wegen zu streiten (XXI 462–467).

Psychostasie (Seelenwägung). Zeus (mit Blitzbündel) läßt durch Hermes (mit Waage und Kerykeion) die Seelen (Todeslose) von Achilleus und Hektor abwägen, die in Gestalt der beiden Helden in voller Rüstung auf den Waagschalen dargestellt sind. Rotfiguriger Stamnos des Kleophrades-Malers. 5. Jh. v. Chr. Paris, Bibliothèque Nationale

Die Freude der Götter ist verständlich: seit dem 8. Gesang, seit dem Beginn des zweiten Schlachttages, hatte Zeus ihnen verboten, sich an den Kämpfen zu beteiligen oder auch nur einzugreifen – ein Verbot, das freilich von Poseidon vorübergehend mißachtet wurde. Erst vom 20. Gesang ab ist ihnen der Kampf wieder freigegeben, und nun haben sich endgültig die Götterparteien herausgebildet: Hera, Athene, Poseidon, Hermes und Hephaistos stehen auf der Seite der Achaier; Ares, Apollon, Artemis, Aphrodite, Leto und der Flußgott Skamander-Xanthos auf der Seite der Troer. Und schrecklich sind die Begleiterscheinungen, wenn die Götterparteien sich formieren: Zeus donnert, daß die Berge zittern, Poseidon läßt die Erde erbeben, und sogar Hades in der Unterwelt erschrickt, springt von seinem Sitz auf und befürchtet, daß ihm der Erderschütterer die Erde aufreiße von oben (XX 54f).

Zeus und Hera

Zeus, der Vater der Götter und Menschen, gilt Homer als das unumstrittene Oberhaupt der göttlichen Familie, doch finden sich Hinweise, daß seine Herrschaft nicht immer gefestigt war: Hera, Poseidon und Pallas Athene revoltierten dereinst gegen Zeus, und nur mit Hilfe des Hundertarmigen Briareos-Aigaion, den Thetis herbeigeholt hatte, gelang es ihm, sich zu befreien. Auf diese Hilfeleistung geht der Schutz zurück, den durch Thetis ihr Sohn Achilleus von Zeus genießt (I 396–406). Und noch

Götterversammlung: die trojafreundlichen Olympier. V. l. n. r.: Ares, Aphrodite (oder Leto), Artemis, Apollon. Ostfries des Siphnier-Schatzhauses in Delphi. Um 530/520 v. Chr. Delphi, Museum

früher war es, als Zeus durch den Sturz seines Vaters Kronos die Macht übernommen hat; der Name Kronide, Sohn des Kronos, legitimiert ihn also in dieser Hinsicht. Geschwister des Zeus und Kinder des Kronos und der Rheia sind Hera, Demeter, Hestia, Poseidon und Hades. Seine Überlegenheit demonstriert Zeus plastisch zu Beginn des 8. Gesangs der *Ilias*, indem er den Göttern die Folgen einer Übertretung seines Kampfverbotes vor Augen führt: «*Wen ich aber getrennt von den Göttern willens sehe, daß er käme, den Troern beizustehen oder den Danaern: geschlagen wird er nicht wohlbehalten zurückkehren zum Olympos! Oder ich fasse und werfe ihn in den Tartaros, den nebligen, weit weg, wo am tiefsten unter der Erde der Abgrund ist. Dort sind eisern die Tore und ist von Erz die Schwelle, so weit unter dem Hades, wie der Himmel ist über der Erde. Dann wird er erkennen, wie weit ich der Stärkste bin von den Göttern allen! Wenn aber – auf! versucht es ihr Götter! daß ihr alle es wißt: Hängt ein Seil, ein goldenes, auf, herab vom Himmel, und alle faßt an, ihr Götter, und alle Göttinnen! Doch werdet ihr nicht vom Himmel auf den Boden niederziehen Zeus, den höchsten Ratgeber, auch nicht, wenn ihr noch so sehr euch mühtet. Doch sobald auch ich dann im Ernst ziehen wollte: mitsamt der Erde zöge ich euch hinauf und mitsamt dem Meer; und das Seil bände ich dann um die Spitze des Olympos, und in der Schwebe hinge dann alles. So weit bin ich überlegen den Göttern, überlegen den Menschen!*» (Il. VIII 10–27) Diese Aufforderung zum Seilziehen macht auch den erwünschten Eindruck auf die Olympier: *So sprach er, und die waren alle stumm in Schweigen, von dem Wort betroffen, denn sehr gewaltig hatte er gesprochen.* (28f)

Von Zeus her kommt alles, Zeus kann alles gewähren: *Der Gott gibt einmal diesem, einmal jenem Gutes wie Böses: Zeus, denn er kann alles.* (Od. 4, 236f) Und wenn er es tut, dann erzittert die Natur: *Sprach es, und mit den schwarzen Brauen nickte Kronion, und die ambrosischen Haare des Herrn wallten nach vorn von dem unsterblichen Haupt, und erbeben ließ er den großen Olympos.* (I 528–530) Von dieser Aussage über das Wirken des Gottes war der Bildhauer Phidias so beeindruckt, daß er seinem berühmten Goldelfenbeinstandbild in Olympia im wahrsten Sinne des Wortes diesen von Homer gestalteten A u g e n blick zugrunde legte. Der Mensch wendet sich ehrfürchtig an ihn, bittend mit einem Gebet. So Achilleus, als er Zeus anfleht zu gewähren, daß Patroklos die Troer vom Schiffslager zurückdränge: *«Zeus, Herr von Dodona! Pelasgier! ferne wohnend! Der du in Dodona herrschst, der schlimmumstürmten, und rings wohnen die Sellen, deine Ausdeuter, mit ungewaschenen Füßen, am Boden lagernd. Ja, da hast du schon einmal mein Wort gehört, wie ich betete, und mich gehört und groß geschlagen das Volk der Achaier. So erfülle mir auch jetzt noch dieses Begehren! Denn selber bleibe ich im Sammelplatz der Schiffe, doch den Gefährten schicke ich aus mit vielen Myrmidonen, um zu kämpfen. Laß diesen Prangen begleiten, weitumblickender Zeus! Und ermutige ihm das Herz im Innern, daß auch Hektor es wisse, ob er auch allein versteht zu kämpfen, unser Gefolgsmann, oder ob ihm nur dann die unberührbaren Hände rasen, wann immer auch ich gehe in das Gewühl des Ares. Hat er aber von den Schiffen Schlacht und Kampfruf zurückgetrieben: unversehrt möge er mir dann zu den schnellen Schiffen gelangen mit den Waffen allen und den Nahkämpfern, den Gefährten!» So sprach er und betete, und ihn hörte der ratsinnende Zeus. Und das eine gab ihm der Vater, das andere aber versagte er. Von den Schiffen gab er ihm wegzustoßen den Kampf und die Schlacht, heil aber versagte er ihm aus der Schlacht zurückzukehren.* (Il. XVI 233–252) Und so auch Priamos, ehe er seinen schweren Gang zu Achilleus antritt, den Leichnam seines Sohnes einzuholen: *«Zeus, Vater! der du vom Ida herrschst, Ruhmvollster! Größter! Gib, daß ich zu Achilleus komme als Freund und erbarmenswürdig!» So sprach er und betete, und ihn hörte der ratsinnende Zeus.* (Il. XXIV 308–316 passim)

Den schönsten Ausdruck findet das Vertrauen in den Geber des Guten wie des Schlechten in der Rede des Achilleus, in der er Priamos gegenüber seiner großen Bewunderung für dessen Mut und seinem Mitgefühl auch für dessen Leid Ausdruck gibt: *«Denn so haben es zugesponnen die Götter den elenden Sterblichen, daß sie leben in Kummer, selbst aber sind sie unbekümmert. Denn zwei Fässer sind aufgestellt auf der Schwelle des Zeus mit Gaben, wie er sie gibt: schlimmen, und das andere mit guten. Wem Zeus sie nun gemischt gibt, der donnerfrohe, der begegnet bald Schlimmem und bald auch Gutem. Wem er aber von den traurigen gibt, den bringt er zu Schanden, und ihn treibt schlimmer Heißhunger über die göttliche Erde, und er kommt und geht, nicht vor Göttern geehrt noch Menschen.»* (XXIV 525–533)

Die homerische Vorstellung zeigt Zeus und seine Schwester Hera als das Ehepaar im Olymp (Il. I 609–611), und Hera ist auch die ständige Gattin des obersten Gottes. Als ihre Kinder gelten Ares, Hephaistos und

Diòs Apátē. Zeus und Hera auf dem Berge Ida. Metope vom Hera-Tempel (Tempel E) in Selinunt. Um 470/450 v. Chr. Palermo, Museum

Hebe, der personifizierte Krieg, das personifizierte Feuer, die personifizierte Jugendzeit. Der Zwist zwischen den Eheleuten ist sprichwörtlich – einmal hat Zeus Hera voll Zorn, mit zwei Ambossen beschwert, am Himmel aufgehängt (Il. XV 18–24) –, und unzählig sind die Verbindungen des Herrschers mit anderen Frauen. Streit und Versöhnung zwischen den beiden, so groteske Formen sie gelegentlich auch annehmen, haben freilich immer eine wesentliche Funktion für die Handlung des Epos: erinnert sei nur an das Ende des 1. Gesangs, als Zeus Thetis zusagt, dem Achilleus Genugtuung zu verschaffen, und Hera die Unterredung nicht verborgen bleibt (I 536f), an den gemeinsamen Versuch Heras und Athenes, trotz des Verbotes in das Geschehen einzugreifen (VIII 350f), und schließlich an den vorübergehenden Erfolg der mit äußerster Raffinesse von Hera durchgeführten Täuschung und Ausschaltung des Göttervaters im 14. Gesang (153f), die Diòs apátē.

Apollon und Artemis

«Apollon ist unter allen griechischen Göttern derjenige, der neben der breiten Erhabenheit seines Vaters Zeus die höchste Göttlichkeit des Göttlichen verkörpert. Seine gleichsam flammende Erscheinung ist geprägt durch den höchsten göttlichen Adel, die Hoheit, Unnahbarkeit, letzte Entschiedenheit des Geistes, Reinheit und einen gleichsam kristallenen Stolz, der sich zumal in dem scharfen Zorn des Gottes offenbart» (Schadewaldt).[56] Wir haben schon gesehen, wie er dem Diomedes, dem Patroklos entgegentritt, sie zurückstößt, in ihre Schranken weist, oder wie er Achilleus anfährt, als dieser den Gott nicht sofort erkennt. Die doppelte, polare Funktion des Gottes wird in der *Ilias* deutlich; denn wie Apollon mit seinen Pfeilen Verderben und Unheil senden kann – man denke an die Seuche, die er wegen der Beleidigung seines Priesters Chryses über das Lager der Achaier verhängt (Il. I 44–52) –, so kann er auch helfen und heilen: Glaukos, von Teukros mit einem Pfeil verwundet, betet zu Apollon, und der Gott selbst *ließ aufhören die Schmerzen, und an der leidigen Wunde trocknete er das Blut, das schwarze* (XVI 528f).[57] Zur vollen Entfaltung kommt der Heilaspekt in Asklepios, dem Sohne Apollons und der Koronis; bei Homer sind die Asklepios-Söhne Machaon und Podaleirios die spezialisierten Wundärzte (IV 193f, XI 517f).

Kunstfertigkeit, vor allem in musischer Hinsicht, ist eine weitere Eigenschaft Apollons. Am Ende des 1. Gesangs der *Ilias* begegnet er uns in seiner Funktion als Leierspieler, als Anführer der Musen (Apóllōn Mousagétēs), wenn er zum Abschluß der Götterszene musiziert (I 601f), und dieselbe Vorstellung findet sich in dem großen homerischen Hymnus auf Apollon, wenn der Gott den anderen Olympiern zum Reigentanz aufspielt. *Aber die schönlockigen Chariten und die gutgesinnten Horen, Harmonia und Hebe und Zeus' Tochter Aphrodite tanzen und halten einander bei den Händen: mit ihnen musiziert noch eine, nicht häßlich und nicht unansehnlich, sondern sehr groß anzusehen, ein wunderschöner Anblick: Artemis, die pfeilschüttende, die Schwester Apollons. Unter ihnen amüsieren sich auch Ares und der scharfblickende Argostöter* (Hermes)*: Phoibos Apollon aber spielt schön auf der Leier, und hochragend schreitet er einher, schimmernder Glanz umstrahlt ihn, Flimmern der Füße und des gutgewobenen Gewandes. Sie aber freuen sich in ihrem Gemüte, wie sie zusehen, Leto mit goldenem Haar und der ratsinnende Zeus, ihrem Sohn, spielend mit den unsterblichen Göttern.* (Hymn. Apoll. 3, 194–206) Artemis, die jungfräuliche Jägergöttin, ist Apollon im Mythos als Zwillingsschwester verbunden. Der Mutter der beiden, Leto, war es auf Betreiben der eifersüchtigen Hera nicht möglich, einen anderen Platz zum Gebären zu finden als die winzige Insel Ortygia-Delos, die sich als einzige bereit erklärte, die Göttin aufzunehmen. Nach neun Tagen und neun Nächten gebar Leto unter einer Palme die Zwillinge; zum Dank wurde Delos, das bis dahin frei im Meer schwamm, nicht nur befestigt, sondern für alle Zeit zum Heiligtum gemacht.

Artemis, die Herrin der Tiere (pótnia thērôn, XXI 470), die pfeilschüttende, ist, wie Wilamowitz treffend formuliert hat, für den Griechen die «Göttin des Draußen», der freien Natur. Sie bringt, in ursächlichem

Delphi. Apollon-Tempel aus dem dritten Viertel des 4. Jh. v. Chr., errichtet an der Stelle des spätarchaischen Tempels

Zusammenhang mit ihrer Funktion als Jägerin, auch den schnellen, schmerzlosen, verhängten Tod, vor allem weiblichen Lebewesen, Tieren wie Frauen: Im Mythos von Niobe, den Achilleus dem Priamos erzählt, um ihn zum Mahle zu bewegen (XXIV 602–613), ist dies deutlich ausgesagt: Zur Strafe für eine Beleidigung ihrer Mutter Leto – Niobe hatte sich gerühmt, viele Kinder geboren zu haben, Leto aber nur zwei –, töten Apollon und Artemis die Kinder der Niobe, Apollon die Söhne, Artemis die Töchter; und Odysseus fragt im Hades seine Mutter Antikleia, ob denn die *pfeilschüttende Artemis mit sanften Geschossen* über sie gekommen sei (Od. 11, 172f).[58]

Athene und Ares

Pallas Athene, die ruhmvolle Göttin, will ich besingen, die helläugige, reich an Klugheit, die ein unerbittliches Herz hat, achtbare Jungfrau, die Städtebeschützerin, die tapfere Tritogeneia, die er selbst geschaffen hat, der ratsinnende Zeus, aus seinem erlauchten Haupte, schon in der Rüstung des Kampfes, golden und ganz und gar strahlend: Ehrfurcht befiel die Unsterblichen alle, als sie sie sahen. Sie aber eilte schnell vor dem aigishaltenden Zeus herab von der unsterblichen Bergspitze, schwingend den schneidenden Wurfspieß: schrecklich bebte der große Olympos vom wuchtigen Schritt der Helläugigen. (Hymn. Ath. 28, 1–10)

Weisheit und Geschicklichkeit sind die Stärke der Athene; auch die handwerkliche Geschicklichkeit gehört in ihren Bereich: immer wieder betont der Dichter, daß von ihr die Kunst *herrliche Werke zu wirken* stamme (Od. 20, 72, 7, 110f), und Achilleus lehnt als Versöhnungsgabe des Agamemnon eine seiner Töchter ab, *«und wenn sie mit der goldenen Aphrodite an Schönheit stritte und es an Werken Athenaia, der helläugigen, gleichtäte»* (Il. IX 389f). Das Kleid, mit dem sich Hera für Zeus begehrenswert schmückt, hat Athene gewebt und bestickt (Il. XIV 178f), und der Penelope hat sie *die Dinge im Übermaß gegeben: daß sie sich auf gar schöne Arbeiten versteht und tüchtiges Denken und Listen* (Od. 2, 116–118), wobei besonders die Webelist, gewissermaßen als idale Vereinigung der handwerklichen und geistigen Fähigkeiten, im Vordergrund steht. Doch nicht nur die spezifisch weiblichen Geschicklichkeiten sind ihr vertraut: auch der Zimmermann ist ihr Liebling, *der es versteht, mit Händen alle Kunstwerke zu verfertigen*[59], und in einem der unter dem Namen Homers überlieferten Epigramme rufen die Töpfer sie als Schutzpatronin an.[60] Das von Epeios konstruierte hölzerne Pferd, mit dem die Eroberung Trojas vollbracht wurde, hat Athene entworfen (Od. 8, 493).

Wie Apollon begegnen wir auch der Göttin Athene schon zu Beginn der *Ilias*. Als das Wortgefecht zwischen Agamemnon und Achilleus so heftig geworden ist, daß der Peleus-Sohn drauf und dran ist, zum Schwert zu greifen und auf den Atriden loszustürmen, erscheint Athene, nur ihm allein sichtbar, und hält ihn zurück: *Und es erstarrte Achilleus und wandte sich um, und alsbald erkannte er Pallas Athenaia, und schrecklich erstrahlten ihm ihre Augen.* (Il. I 199f) Die Göttin, deren strahlende Augen auch das Epitheton «die *helläugige*» (glaukôpis, eigentlich «*eulenäugig*») bezeichnet, beschwichtigt den Helden und fordert ihn auf, nicht mit der Waffe, sondern mit Worten gegen den Widersacher zu kämpfen: kaum jemals ist die Funktion der Göttin so klar abgesteckt wie an dieser Stelle: sie ist kämpferisch, sie ist auch kriegerisch, aber sie zieht es vor, mit dem Verstand zu handeln und bedient sich nur im äußersten Fall brutaler Gewalt. Dazu genötigt wird sie von ihrem Widersacher Ares, dem sie mit gleicher Waffe begegnet: so im 5. Gesang der *Ilias*, als sie selbst zu Diomedes auf den Streitwagen steigt und gegen den Kriegsgott anstürmt (Il. V 837–841). Als Zeus zu Beginn des 20. Gesangs den Göttern den Kampf wieder freigibt, liefern Athene und Ares einander zunächst ein Schreiduell: *Da erhob sich Eris, die starke, volkaufregende, und es schrie Athene; hintretend bald neben den gezogenen Graben, außerhalb der*

Mauer, bald an die Ufer, die starkdröhnenden, schrie sie laut. Und es schrie Ares drüben, einem finsteren Sturmwind gleichend, scharf von der obersten Burg herab den Troern zurufend, bald auch entlang am Simoeis laufend. (Il. XX 48–54)[61]

Eine ganz anders handelnde Göttin zeigt uns die *Odyssee*. Hier ist sie die gütige Helferin, die in mancherlei Gestalt – als Mentor, als ein schöner Jüngling, als Mädchen usw. – dem Odysseus und seiner Familie, Telemachos und Penelope, zur Seite steht, ihnen die richtigen Gedanken in den Sinn legt und sie unmerklich lenkt und leitet. Den Freiern hingegen fügt sie Schaden zu, verwirrt ihnen die Sinne, und in der Mnesterophonie, die sie beobachtet, erhöht sie des öfteren die Wirksamkeit der Geschosse des Odysseus. Und am Ende der *Odyssee* ist es Athene, die – in Mentors Gestalt, wie so oft in dem Gedicht – den Streit beendet und Frieden stiftet.

Ares, der eigentliche Kriegsgott, ist die Personifizierung des Kampfes,

Athene. Attische Tetradrachme. Nach 490 v. Chr.

des Getümmels im Handgemenge: *Menschenverderber, Blutbesudelter, Mauerzerstörer, Rasender, Unheilgeschaffener* wird er genannt. Sein Brüllen ist furchtbar: *wie neuntausend oder zehntausend Männer hell aufschreien im Kampfe*, so brüllte Ares, als Diomedes ihn verwundet (Il. V 859–861). Riesenhaft, bedrohlich ist er vorgestellt, jedes Maß überschreitend: als er in der Götterschlacht, von Pallas Athene mit einem Stein getroffen, zu Boden stürzt, da *nahm er sieben Hufen ein im Fall und bestaubte die Haare, und die Waffen rasselten ihm* (Il. XXI 391–417, Zitat 407–409). Unersättlich ist er im Krieg (Il. V 863), er kennt kein Gesetz (V 761), und seine Begleiter sind *Deimos* (Schrecken) *und Phobos* (Furcht) *und Eris* (Streit), *die rast als Eifernde, des männermordenden Ares Schwester und Gefährtin, welche klein sich zuerst behelmt, dann aber gegen den Himmel stemmt das Haupt und auf der Erde schreitet* (Il. IV 440–443). Er ist kriegerisch gewappnet, trägt die Lanze und fährt auf einem Streitwagen (V 355f, 851f, XXI 402): der *schnellste der Götter* wird er genannt (Od. 8, 330f). Selbst seinem Vater Zeus ist er unheimlich: *«Nicht, du Bald-so-und-bald-Anders* (allaprósallos)*! sitze hier bei mir und winsele! Der Verhaßteste bist du mir von den Göttern, die den Olympos haben, denn immer ist Streit dir lieb und Kriege und Kämpfe!»* (Il. V 889–891) Der Antagonismus zwischen Ares und Athene ist unüberwindlich. Plump-kraftvoll und mit bloßer Gewalt kämpfend, muß Ares der feinen, mit dem Verstand und überlegener Beurteilung operierenden Göttin stets unterliegen.

Hephaistos und Aphrodite

Hephaistos, Sohn des Zeus und der Hera, der Gott des Feuers, der Handwerker und Schmiede, ist von Homer als häßlich und tolpatschig gezeichnet. In der Versammlung der Olympier spielt er den Mundschenk, und die Götter amüsieren sich über ihn: *Der aber begann, den anderen Göttern rechtshin allen den süßen Nektar auszuschenken, aus dem Mischkrug schöpfend. Und unauslöschliches Gelächter erhob sich unter den seligen Göttern, als sie sahen, wie Hephaistos durch das Haus hin keuchte.* (Il. I 597–600) Die Lahmheit, die offenbar das sprunghafte Zucken des lodernden Feuerbrandes symbolisiert – Hephaistos war ursprünglich ja die personifizierte Flamme, wie der metonyme Gebrauch seines Namens beweist –, wurde später durch zwei Stürze vom Olympos begründet: das eine Mal warf ihn seine Mutter Hera nach der Geburt hinab, als sie seine Häßlichkeit gewahrte.[62] Den zweiten Sturz verursachte Zeus, und diesmal landete der Gott auf der Insel Lemnos, wo er seitdem eine berühmte Kultstätte hat: *«Denn auch ein andermal schon ergriff er mich am Fuß und warf mich von der göttlichen Schwelle. Den ganzen Tag lang trug es mich, jedoch mit untergehender Sonne stürzte ich herab auf Lemnos, und nur wenig Leben war noch in mir. Dort pflegten mich die Männer der Sintier alsbald, den Herabgestürzten.»* (Il. I 590–594)

Die handwerklich-technische Kunstfertigkeit, die konstruktiv-entwerfende Phantasie ist der Bereich des Gottes. An vulkanischen Orten wie dem Ätna hat er seine Werkstätten, und die Kyklopen sind seine Gehil-

Rückführung des Hephaistos in den Olymp, bewirkt von Dionysos mit Hilfe der Kraft des Weines (rechts: ithyphallischer Silen, der einen Weinschlach schleppt). Schwarzfiguriger Volutenkrater des Kleitias. Um 570 v. Chr. Florenz, Museo Nazionale Archeologico

fen. Proben seines Könnens sind die Dienerinnen aus Gold und Silber, die ihn beim Gehen unterstützen, oder die goldenen und silbernen Hunde vor dem Palast des Alkinoos auf Scheria (Od. 7, 91 f). Das Zepter des Zeus ist ebenso sein Werk wie die Aigis oder der Wagen des Helios. Sein Meisterstück aber ist der Schild, den er auf Bitten der Thetis für Achilleus innerhalb einer Nacht anfertigt und mit wunderbaren Darstellungen, Szenen aus dem menschlichen Leben, schmückt (Il. XVIII 468–477; 478–616 Schildbeschreibung). Zur Gattin hat Hephaistos in der *Ilias* eine der anmutigen Chariten (XVIII 382 f), in der *Odyssee* das Urbild der weiblichen Schönheit, die Göttin Aphrodite.

Bei Homer ist die Göttin der Liebe und des körperlichen Verlangens die Tochter des Zeus und seiner weiblichen Ergänzung Dione («Frau Zeus»). Doch der kleinere der beiden homerischen Hymnen auf Aphrodite und auch Hesiod überliefern eine andere, urtümlichere Abstammung: aus dem schäumenden Samen sei sie entstanden, als nach der Entmannung des Uranos durch Kronos dessen Geschlechtsteil ins Meer gefallen war. Aus diesem Mythos leitete man auch den Namen der Göttin von áphros «Schaum» ab, und ebenso ihren Beinamen Urania, die «Himmlische». Sicher ist, daß es sich bei Aphrodite um eine in dieser Form aus dem Orient übernommene Gottheit handelt, die im Grunde die hypostasierte Zeugungskraft symbolisiert.

Der Göttin ist das Verführerische, Reizend-Lustvolle eigen. So kennen wir sie vom Paris-Urteil, als der junge Troer sich außerstande sah, die Rache der allgewaltigen Göttin der sinnlichen Liebe zu riskieren und Aphrodite mit seinem Preis bedachte, und so sehen wir sie, als sogar die Göttermutter Hera, um Zeus zu verführen, sich Aphrodites sinnenbetörendes Brustband ausleiht (Il. XIV 198–221). Freilich, eine ganz andere, grausame Göttin erkennen wir in der Szene aus dem 3. Gesang der *Ilias*, als sie ihren Liebling Paris aus dem tödlichen Griff des Menelaos errettet, ihn in sein Schlafgemach entrückt und die unter dem Eindruck der offensichtlichen, blamablen Niederlage widerstrebende Helena förmlich zwingt, dem Verlangen des Paris nachzugeben (Il. III 413–420).

Doch auch der Göttin selbst bleibt nicht erspart, was sie unzählbar verteilt: mit Hephaistos vermählt (die höchste Vollkommenheit der Liebe vereint mit höchster Vollendung der Kunstfertigkeit), liebt sie den

Geburt der Aphrodite aus dem Meer. Sog. Ludovisischer Thron (Rest eines Altars oder eher einer Brunneneinfassunng). Um 470/460 v. Chr. Rom, Thermenmuseum

Kriegsgott Ares, wodurch die Vereinigung dämonischer, urtümlicher, vom Menschen kaum zu kontrollierender Mächte gegeben ist. Über die Entdeckung der beiden und die Belustigung der Götter, wie sie uns im Lied des Demodokos erzählt wird, haben wir schon gesprochen. Eines der Kinder des Paares ist Harmonia, die höchste Einheit und Vollkommenheit, gemischt aus reiner Liebe und wildem Kampf. Aber auch in einen Sterblichen verliebt sich die Göttin, in den idäischen Rinderhirten Anchises, und von ihm wird sie Mutter des Aineias (Hymn. Aphr. V 53f). Als sie diesen vor dem anstürmenden Diomedes aus dem Kampfe retten will, wird sie gar verwundet und in den Olymp gebracht (Il. V 330–342). Dort redet Zeus sie an, treffend ihr Wesen umreißend: *«Nicht dir, mein Kind, sind gegeben des Krieges Werke! Sondern du gehe den lieblichen Werken der Hochzeit nach: Alles das ist Sache des Ares, des Schnellen, und der Athene.»* (Il. V 428–430)

Poseidon und Hades

Poseidon und Hades sind Brüder des Zeus; der Primat des jüngsten der drei ist allerdings unbestritten. Nur einmal weist Poseidon auf die ursprüngliche Verteilung der Herrschaftsbereiche hin, als er über die Anordnungen des höchsten der Götter ungehalten ist (Il. XV 187–193).

In beiden Epen ist Poseidon ein wichtiger Handlungsträger. In der *Ilias* steht er auf seiten der Achaier und greift gegen das Verbot seines Bruders Zeus in das Geschehen ein, als dieser den Blick vom Kampfplatz abwendet (Il. XIII 1f). Und später, als Zeus, von Hera verführt, vorübergehend die Kontrolle über die Ereignisse verliert, tritt Poseidon ganz offen auf und stärkt die Kraft der Achaier (Il. XIV 389f). In der *Odyssee* ist Poseidon neben Athene der einzige Gott, der Einfluß hat auf das Geschehen, als Feind und Schädiger des Odysseus, der sich aber stets bewußt ist, daß er die von den Olympiern bestimmte Heimkehr nur erschweren und verzögern, nicht aber verhindern kann. Doch nicht nur über das Meer gebietet der Gott – auch das Festland oder besser die das Festland betreffenden tektonischen Kräfte gehören in seinen Bereich: *Erderschütterer, Erdbeweger* sind daher seine Beinamen. Daß er in der Lage ist, sogar die Landschaft zu verändern, zeigt die Strafe, die er über die Phaiaken verhängt, als sie Odysseus das Geleit gegeben haben: er versteinert das Schiff samt Besatzung, während es in den Hafen einläuft, und ein altes Orakel besagt, daß er auch eine Gebirgskette um die Stadt ziehen könnte (Od. 13, 153–164).

Der dritte Weltbereich wurde bei der erwähnten Teilung der Interessensphären unter den Kronos-Söhnen, wie gesagt, dem Hades zugewiesen: die Unterwelt, das Reich der Toten.[63]

Als der Kampf der Götter gegeneinander losbricht, erhebt sich ein solches Dröhnen, daß Hades Angst hat, sein Bruder Poseidon könnte ihm die Erde aufreißen von oben, *und die Häuser den Sterblichen und Unsterblichen erscheinen, die schrecklichen, modrigen, die verabscheuen sogar die Götter* (Il. XX 62–65). An des Hades Seite herrscht in der Unterwelt Persephone, die Tochter des Zeus und der Demeter.

Poseidon. Stater aus Poseidonia (Paestum) in Unteritalien. Ende 6. Jh. v. Chr. Berlin, Staatliche Museen, Münzkabinett

Demeter und Persephone (Kore)

Demeter, nach der genealogischen Tradition Tochter des Kronos und der Rheia und somit Schwester des Zeus (Hymn. Dem. 2, 75), spielt im Epos keine entscheidende Rolle. Für Homer ist sie die Göttin des Getreides, die Göttin der Fruchtbarkeit und als solche bei der Erntearbeit gegenwärtig: *Und wie der Wind die Spreu trägt über die heilige Tenne von worfelnden Männern, wenn die blonde Demeter scheidet die Frucht von der Spreu bei andrängenden Winden, und unten wird weiß die gehäufte Spreu.* (Il. V

Mysterienrelief von Eleusis: Triptolemos wird von Demeter (links) ausgesandt, den Menschen die Kornähre und damit den Getreideanbau zu bringen; rechts Persephone (Kore), die Triptolemos bekränzt. Um 440 v. Chr. Athen, Nationalmuseum

499–502) Im homerischen Demeterhymnus freilich tritt sie uns ganz anders entgegen: hier ist sie die Göttin des Mysterienkultes von Eleusis, jener Mysterien, in deren Geheimritus den Eingeweihten vielleicht Weiterleben nach dem Tode in Aussicht gestellt war. Das Kultbild des Heiligtums, in dessen abgedunkeltem Telesterion, dem Zeremoniensaal der Eingeweihten, sich die heiligen Handlungen vollzogen, ist erhalten: Demeter und ihre Tochter entsenden Triptolemos, das Urbild des Mysten, um den Menschen die Kornähre und damit den Getreideanbau zu bringen. Im Gegensatz zur späteren Überlieferung begegnen uns im Epos Demeter und ihre Tochter Persephone (oder einfach Kore, das Mädchen, genannt) nicht gemeinsam. Für Homer ist Persephone ausschließlich die Herrscherin der Unterwelt und Gattin des Hades.[64] Der homerische Hymnus auf Demeter allerdings kennt die volle Ausgestaltung des Mythos: hier ist der Raub der Persephone durch Hades beschrieben, und es findet sich auch die Vorstellung, daß die Göttin die Hälfte des Jahres in der Unterwelt und die andere auf der Erde zubringt: ein Symbol für den Wechsel der Jahreszeiten und der Vegetation.[65]

Hermes und Iris

Am Morgen geboren, spielt er zu Mittag die Leier, und abends stahl er die Rinder des Ferntreffers Apollon, am vierten Tag zu Anfang des Monats, als Maia ihn geboren hatte. (Hymn. Herm. 4, 17–19) Hermes, Sohn des Zeus und der Maia, ist der vielseitigste unter den Göttern. Seine Geburt am Berg Kyllene in Arkadien, seine ersten Taten, noch als Säugling, seine Erfindungen – er baute aus einem Schildkrötenpanzer die Leier, er ersann das Anzünden und Aufschichten des Feuers[66] –, seine schalkhafte Verteidigung vor dem Göttervater, als sein Bruder Apollon sich über ihn beklagt: all das berichtet anmutig der homerische Hymnus. Man könnte ihn den «Gott des Unwägbaren» nennen: er ist in erster Linie zuständig für günstige Gelegenheiten, für das Erfassen und Zunutzemachen des Augenblicks, sei es, um sich einen Vorteil zu verschaffen, sei es, Nützliches zu verfertigen oder zu finden, sei es, um Botschaften zu überbringen. Seinen besonderen Schutz genießen daher so unterschiedliche Gruppen von Menschen wie die Reisenden, die Kaufleute, die Wanderer[67] und die Diebe: für sie alle ist es nötig, Glück zu haben und den geeigneten Augenblick zu beachten. Und auch in der Liebe ist Hermes kein Verschmäher der günstigen Gelegenheit, wie der Wortwechsel zwischen ihm und seinem Bruder Apollon zeigt, als sie beide die Gefangenen des Hephaistos, Ares und Aphrodite, besichtigen: *Zu Hermes aber sagte der Gebieter, der Sohn des Zeus, Apollon: «Hermes, Zeus-Sohn, Geleiter! Geber des Guten! Wolltest du wohl, gezwängt in starke Bande, schlafen im Bett bei der goldenen Aphrodite?» Da entgegnete ihm der Geleiter, der Argostöter: «Wenn dieses doch geschehen möchte, Herr, fernhintreffender Apollon! Da möchten Bande, dreimal so viel, unendliche, um mich her sein und ihr zuschauen, Götter und Göttinnen alle: gleichviel, ich schliefe bei der goldenen Aphrodite.» So sprach er, und es erhob sich ein Gelächter unter den unsterblichen Göttern.* (Od. 8, 334–343)

Seiner Fähigkeiten bedienen sich die Götter mit Vorliebe: So stahl er den Ares aus den Fesseln, die ihm die Aloaden Otos und Ephialtes angelegt hatten (Il. V 385–391), und im 24. Gesang der *Ilias*, als die Götter es nicht mehr mitansehen können, wie Achilleus den Leichnam Hektors schändet, erwog Zeus, Hermes auszusenden, damit er ihn entwende (XXIV 24). Und als der greise Priamos den schweren Gang in das Lager des Feindes antritt, um von Achilleus die Leiche seines Sohnes zu

Aphrodite, auf einer von Eros und Psyche gezogenen Biga, und Hermes mit geflügeltem Petasos (Reisehut) und Flügelschuhen. Lokrisches Tonrelief. Um 470/460 v. Chr. Tarent, Museo Nazionale

erbitten, da gebricht es ihm schließlich fast an Mut, sein Vorhaben durchzuführen. Als Zeus den König und seinen Herold Idaios durch die Ebene fahren sieht, befiehlt er Hermes, ihn zu begleiten und ihm Mut und Kraft einzuflößen (XXIV 331–344).

In der *Ilias* besorgt Hermes nicht das später untrennbar mit ihm verbundene Amt des Götterboten; erst in der *Odyssee* ist er der Überbringer von Nachrichten. Die einprägsamste Szene ist wohl die, als Zeus ihn entsendet, um der Nymphe Kalypso den Ratschluß der Götter über die Heimkehr des Odysseus zu überbringen: «*Hermes – denn du bist auch in anderem der Bote –, sage der flechtenschönen Nymphe den unfehlbaren*

Ratschluß: die Heimkehr des duldemütigen Odysseus, daß er nach Hause kehre . . .» So sprach er, und es war nicht ungehorsam der Geleiter, der Argostöter. Alsbald band er sich unter die Füße die schönen Sohlen, die ambrosischen, goldenen, die ihn über das Feuchte trugen wie über die grenzenlose Erde, zusammen mit dem Wehen des Windes, und faßte den Stab, mit dem er die Augen der Männer bezaubert, von welchen er es will, und auch die Schlafenden wieder aufweckt. Diesen in Händen haltend, flog der starke Argostöter, stieß, als er Pierien erreichte, aus dem Äther auf das Meer und schoß dann über das Gewoge, einem Möwenvogel gleichend, der über den furchtbaren Mulden des unfruchtbaren Meeres nach Fischen jagend die schwirrenden Flügel in der Salzflut netzt. Diesem gleichend fuhr über die vielen Wogen Hermes. Doch als er nun zu der Insel gekommen war, der fernen, da stieg er aus dem veilchenfarbenen Meere und schritt landeinwärts, bis er zu der großen Höhle kam, in der die Nymphe wohnte, die flechtenschöne. (Od. 5, 29–58 passim)

In der *Ilias* überbringt die Botschaften der Götter, vorwiegend Mitteilungen und Befehle des Göttervaters, die Botin Iris: *Und es erhob sich Iris, die sturmfüßige, um es auszurichten. Und mitten zwischen Samos und Imbros, der felsigen, sprang sie hinab in das dunkle Meer, und es stöhnte dazu die See. Sie aber fuhr, einer Bleikugel gleich, in die Tiefe, die auf dem Horn eines Herdenrindes aufgesetzt hinabgeht, um rohfressenden Fischen den Tod zu bringen. Und sie fand in der gewölbten Höhle Thetis, und um*

Priamos, gefolgt von Dienern mit Geschenken, bittet Achilleus um die Herausgabe von Hektors Leiche, die unter dem Bett des Achilleus liegt (Il. XXIV 471f). Skyphos des Brygos-Malers. Um 490 v. Chr. Wien, Kunsthistorisches Museum

sie versammelt waren die anderen Göttinnen des Meeres, sie aber in ihrer Mitte beweinte das Schicksal ihres untadeligen Sohnes, der ihr umkommen sollte in der starkscholligen Troja, fern der Heimat. (Il. XXIV 77–86; vgl. VIII 397–425)

Zu beobachten ist dabei, daß Iris Botschaften meist wortwörtlich wiederholt, ohne dazu Stellung zu nehmen, während Hermes zwar den Befehl erhält, etwas auszurichten, seine Rede aber immer frei gestalten kann. Mit einer Ausnahme: Als Iris Poseidon den Befehl des wiedererwachten Göttervaters überbringt, sich so schnell wie möglich aus dem Kampf zurückzuziehen, fällt die Antwort des Erderschütterers nach Meinung der Götterbotin zu schroff aus. Iris gibt das zu bedenken, und Poseidon nimmt seinen Angriff zurück: *Ihm antwortete darauf die windfüßige schnelle Iris: «Soll ich denn so, Erdbeweger, schwarzmähniger! dies Wort bringen dem Zeus, das unmilde und starke? Oder lenkst du wohl etwas ein? sind doch lenkbar die Sinne der Edlen! Du weißt, wie den Älteren stets die Erinyen zur Seite stehen!» Da sagte wieder zu ihr Poseidon, der Erderschütterer: «Iris, Göttin! dies Wort hast du ganz nach Gebühr gesprochen! Gut ist auch das gewirkt, wenn ein Bote das Rechte weiß.»* (Il. XV 200–207) Und wie Hermes Ares befreit, als er in großer Bedrängnis ist, so geleitet Iris die von Diomedes verwundete Göttin Aphrodite aus der Schlacht und sorgt dafür, daß sie zu den Sitzen der Götter gelangt (Il. V 353).

Die Werke

Die Ilias

Der erste Vers des Gedichts führt mitten in die Handlung, und im Proömium ist in aller Kürze bereits Inhalt und Geschehen exponiert: *Den Zorn singe, Göttin, des Peleus-Sohns Achilleus, den verderblichen, der zehntausend Schmerzen über die Achaier brachte und viele kraftvolle Seelen dem Hades vorwarf von Helden, sie selbst aber zur Beute schuf den Hunden und den Vögeln zum Mahl, und es erfüllte sich des Zeus Ratschluß – von da beginnend, wo sich zuerst im Streit entzweiten der Atreus-Sohn, der Herr der Männer, und der göttliche Achilleus.* (Il. I 1–7) Das erste Wort gibt das Leitmotiv des Gedichts: die mênis, der verhängnisvolle Zorn des Peleus-Sohnes Achilleus ist es, um den der Dichter seine Komposition anordnet. Vom 1. bis zum 18. Gesang ist der Zorn gegen Agamemnon, der auf gekränkte Ehre zurückgeht, das Thema, nach dessen Besänftigung der Zorn über den Tod des Patroklos, der durch die Tötung Hektors nur zum Teil gestillt wird. Erst die Versöhnung und endgültige Beilegung des Zornes im 24. Gesang führt das Motiv und zugleich das Gedicht zu Ende. Daß wir mit dem Beginn der *Ilias* bereits in das neunte (und letzte) Kriegsjahr eintreten, ist nicht ausdrücklich gesagt, ergibt sich aber aus den Ereignissen, die der erste Gesang voraussetzt. Das Ende des Krieges werden wir nicht miterleben: dies würde gegen das schon besprochene künstlerische Prinzip des Dichters sein, das chronologische Fortschreiten der Handlung nur so weit als nötig und nur innerhalb des unmittelbaren Geschehens zu berücksichtigen.

Der 1. Gesang der *Ilias* enthält die Einleitung und läßt den Leser/Hörer mit den wichtigsten Personen der Handlung bekannt werden. In der ersten Götterszene erhalten wir darüber hinaus auch Einblick in die Götterhandlung, die während des ganzen Gedichts parallel zur menschlichen verläuft und gelegentlich mit dieser verknüpft ist.

Der 2. Gesang bringt das Vorspiel zur ersten Schlacht, mit der die Kampfhandlung offenbar nach längerer Pause wieder aufgenommen werden soll: die Probe des Heeres durch den Oberbefehlshaber, die sich aus der Notwendigkeit ergibt, die Truppe zu überprüfen, zeigt das deutlich. Eindrucksvoll führt uns der Dichter in den beiden Katalogen die Kontingente vor, und besonders plastisch ist die Darstellung des Auszugs der Heere (Achaier: II 455–483 und 780–785; Troer: III 1–14). Doch zunächst entschließt man sich zu einem Zweikampf zwischen den Haupt-

Goldene Totenmaske eines achaiischen Königs, von Heinrich Schliemann als Agamemnon bezeichnet. Mykene, Grab V. 16. Jh. v. Chr. Athen, Nationalmuseum

kontrahenten Paris und Menelaos, der die Entscheidung bringen müßte; die Götter verhindern es jedoch. In der Mauerschau (Teichoskopie, III 121–244) werden von Helena dem troischen König Priamos die prominenten Helden der Achaier vorgeführt: Agamemnon, Odysseus, Aias und Idomeneus (III).

In einer Götterversammlung beschließt Zeus den Untergang der Troer. Durch den Pfeilschuß des Pandaros werden die vor dem Zweikampf feierlich beschworenen Verträge gebrochen, und der Krieg geht weiter. Vor dem ersten allgemeinen Kampf durchschreitet Agamemnon die Reihen seiner Leute und ruft einzelne Helden namentlich auf: nach der von einer Frau, Helena, kommentierten Vorstellung in der Mauerschau durchschreitet der Leser/Hörer nun gewissermaßen mit dem Oberbefehlshaber selbst das Heer (epipṓlēsis, Musterung des Agamemnon, IV 250–421).

Der 5. Gesang ist dem Beginn des eigentlichen Kampfes und den Heldentaten des Diomedes gewidmet, der die Troer durch sein mutiges Vorwärtsstürmen weit zurückdrängt und bis vor die Stadt gelangt. Die Troer weichen, und der Beginn des 6. Gesangs bringt den Blick auf das Kampfgeschehen, aus dem die Begegnung zwischen Glaukos und Diomedes und deren Waffentausch herausragt. Hektor begibt sich in die Stadt und weist seine Mutter Hekabe an, mit den troischen Frauen zu Athene zu beten. Ehe Hektor nun in den Kampf zurückgeht, trifft er seine Gemahlin Andromache und seinen kleinen Sohn. Dem unentschiedenen Zweikampf zwischen Hektor und dem Telamonier Aias folgen am Abend des Schlachttages Verhandlungen. Die Achaier bauen zur Sicherheit eine Mauer um das Schiffslager (VII).

Am nächsten Tag wendet sich das Glück, die Achaier weichen weit zurück, nicht zuletzt, weil Zeus den Göttern jede Beteiligung am Kampf untersagt hat. Die Troer übernachten, als die Schlacht abgebrochen wird, im Felde (VIII). Auf Nestors Rat entsenden die Griechen nun Odysseus, Phoinix und Aias als Bittgesandtschaft zu Achilleus, der sich aber trotz unermeßlicher Geschenke nicht umstimmen läßt (Presbeia, IX). In der folgenden Nacht schleichen Odysseus und Diomedes in das Lager der Troer, wobei sie den trojanischen Späher Dolon ergreifen, befragen und töten (X).

Der dritte Kampftag (XI–XVIII) bringt zunächst Großtaten des Agamemnon, doch die Troer dringen unaufhaltsam vor und zwingen die Achaier zum Rückzug zu den Schiffen (XI). Sie gelangen bis zur Mauer des Schiffslagers, erstürmen sie an zwei Stellen, und mit einem gewaltigen Steinwurf sprengt Hektor das Tor (XII). Der 13. Gesang bringt die Schlacht bei den Schiffen. Trotz des Verbots ermuntert Poseidon die Griechen zum Widerstand, doch gelingt es den Troern, die Mauer zu übersteigen. Durch Heras List, die Zeus mit Hilfe Aphrodites und des Schlafgottes Hypnos bezaubert, zur Liebe verleitet und dann in Schlaf senkt, gelingt es den Achaiern, sich zu befreien und die Troer zurückzudrängen (XIV, Diòs apátē – Täuschung des Zeus). Als Zeus erwacht, macht er den Vorteil der Achaier zum Teil rückgängig, indem er Apollon an der Spitze der zurückflutenden Troer wieder zu den Schiffen eilen läßt. Hektor gelingt es nach langem, vergeblichem Andringen gegen den heldenmütig kämpfenden Aias, einen Feuerbrand in das Schiff des Protesilaos zu schleudern (XV). Endlich entschließt sich nun Achilleus, wenigstens Patroklos in seiner eigenen Rüstung kämpfen zu lassen. Der drängt die Troer weit zurück und gelangt bis an die Mauern der Stadt, wird aber schließlich von Hektor bezwungen (XVI, Patroklie). Heftiger Streit entbrennt um den Leichnam und die Rüstung des Patroklos. Menelaos vollbringt Heldentaten (Aristie des Menelaos), und es gelingt ihm, gemeinsam mit Meriones den Leichnam freizubekommen (XVII).

Als Achilleus vom Tode seines Freundes erfährt, ist sein Schmerz unermeßlich. Im Gespräch mit seiner Mutter Thetis am Strand des Meeres entscheidet er sich, Hektor zu töten und damit seinen eigenen Tod auf sich zu nehmen. Noch ohne Waffen tritt er an den Graben, und, von

Leichenspiele für Patroklos. Die Helden verfolgen von einer hölzernen Zuschauertribüne aus ein Wagenrennen (eine Beischrift rechts nennt das Gespann des Achilleus, das nicht mehr sichtbar ist). Fragment eines Kraters. Um 570/560 v. Chr. Athen, Nationalmuseum

Athene gestärkt, schreit er gewaltig und verwirrt die Troer. Es gelingt den Achaiern auf diese Weise, den Leichnam des Patroklos aus der Schlacht herauszuholen. Thetis geht unterdessen zu Hephaistos und bittet ihn um neue Waffen für Achilleus, deren Aussehen der Dichter beschreibt (Schildbeschreibung, XVIII). In einer Heeresversammlung entsagt Achilleus seinem Groll und versöhnt sich mit Agamemnon. Dann legt er die neuen Waffen an und zieht an der Spitze der Achaier in den Kampf (XIX).

Zeus hebt das Kampfverbot auf, und die Götter bereiten sich für die Entscheidungsschlacht vor. Auf der menschlichen Ebene dringt Achilleus unwiderstehlich gegen die Troer an (XX) und jagt einen Teil der Feinde in den Fluß Skamander. Der Fluß wehrt sich gegen Achilleus, wird aber durch das Feuer des Hephaistos zurückgedrängt. Der Götterkampf endet mit dem Sieg der griechenfreundlichen Olympier (XXI).

Hektor bleibt vor der Mauer und entschließt sich zum Kampf gegen Achilleus. Als er ihn erblickt, flieht er jedoch und läuft dreimal um die Stadt. Die Schicksalswägung, die Zeus vornimmt, ergibt den Tod für Hektor. Apollon verläßt ihn, und Athene lockt ihn in Gestalt des Deiphobos zum Zweikampf. Achilleus tötet Hektor mit Athenes Hilfe, bindet den Leichnam an den Wagen und schleift ihn um die Stadt (XXII).

Der 23. Gesang ist der Totenklage um Patroklos und seiner Verbrennung sowie den zu Ehren des Toten abgehaltenen Leichenspielen gewidmet. – Der Mißhandlung des Leichnams Hektors machen die Götter ein Ende. Thetis geht zu Achilleus, Iris zu Priamos: dieser soll sich auf den Weg in das Lager der Feinde machen, jener den Leichnam herausgeben. Hermes geleitet den König von Troja ins Lager, Achilleus nimmt ihn freundlich auf und gibt Hektors Leiche frei. In Troja veranstalten Andromache, Hekabe und Helena die Totenklage, und schließlich wird der Leichnam bestattet (XXIV).

Komposition und Gang der Handlung

Die großen Schlachttage sind der Rahmen des eigentlichen Geschehens der *Ilias*; der erste umfaßt die Gesänge II–VII, der zweite VIII und IX, wobei der 9. Gesang die Bittgesandtschaft zu Achill ausfüllt ; der dritte Schlachttag reicht von XI bis XVIII und bringt Heldentaten und Tod des Patroklos sowie den Umschwung der Handlung (XVIII). Achilleus versöhnt sich mit Agamemnon und zieht am vierten Schlachttag in den Kampf (XIX–XXIII), der nur mehr der Rache an Hektor dient. Das Ende des Geschehens bildet die unerhörte Selbstüberwindung und Wandlung des Achilleus nach all dem Starrsinn, als er sogar den Leichnam des Feindes herausgibt und ihn bestatten läßt (XXIV). Innerhalb dieses Handlungsablaufs lassen sich viele Bezüge, Entsprechungen und kompositionelle Abstimmungen feststellen. Manches wurde schon angeführt; es sollen hier noch einige Hinweise auf Bezogenheit weit auseinanderliegender Elemente folgen. Im 1. Gesang beginnt der Zorn des Achilleus, Thetis geht zu Achilleus und begibt sich dann zu Zeus. Diese zeitliche und kompositionelle Abfolge hat an zwei entscheidenden Stellen des Epos Entsprechungen: im 18. Gesang, der den ersten großen Umschwung bringt, kommt Thetis aus dem Meer zu Achilleus und geht dann zu Hephaistos, und am Ende der *Ilias* schließt sich der Kreis, wenn im 24. Gesang Thetis zunächst von Zeus gerufen wird und dann zu Achilleus geht und daraus die endgültige Beilegung des Zorns resultiert.

Der 2. Gesang beginnt mit dem von Zeus gesandten Traum des Agamemnon, der den Beginn der Kämpfe auslöst. In XXIII führt wieder ein Traum (Patroklos erscheint Achilleus) zur Besänftigung und zum friedlichen Wettkampf im Rahmen der Leichenspiele. Der 3. Gesang enthält schließlich den unentschiedenen Kampf zwischen Paris und Menelaos, der 22. Gesang den alles entscheidenden zwischen Achilleus und Hektor.

Die Linie der Götterhandlung ist gegeben durch die Versammlungen in I, in VIII mit dem Kampfverbot, das XX wieder aufgehoben wird, und in XXIV, den beiden Götterschlachten in XX und XXI sowie dem Eingreifen des Zeus in IV und XV, des Poseidon in XIII, der Hera in XIV sowie der Athene in XXII.

Auch die *Odyssee* eröffnet der Dichter mit der unmittelbaren Angabe des Inhalts und des Motivs des Gesangs, um den er nach epischem Brauch die Muse bittet: *Den Mann nenne mir, Muse, den vielgewandten, der gar viel umgetrieben wurde, nachdem er Trojas heilige Stadt zerstörte. Von vielen Menschen sah er die Städte und lernte kennen ihre Sinnesart; viel auch erlitt er Schmerzen auf dem Meer in seinem Gemüte, während er sein Leben zu gewinnen suchte wie auch die Heimkehr der Gefährten. Jedoch er rettete auch so nicht die Gefährten, so sehr er es begehrte. Selber nämlich durch ihre eignen Freveltaten verdarben sie, die Toren, die die Rinder des Sohns der Höhe, Helios, verzehrten. Der aber nahm ihnen den Tag der Heimkehr. Davon – du magst beginnen, wo es sein mag – Göttin, Tochter des Zeus! sage auch uns!* (Od. 1, 1–10) Ohne ausdrückliche Nennung des Namens des Haupthelden – hier ein Unterschied gegenüber der *Ilias* –, doch ohne weiteres durch die auch später immer wiederkehrenden Beiwörter «der *Vielgewandte*», der «*viel Umhergetriebene*» auf Odysseus verweisend, exponiert der Dichter die Handlung, wobei wir gleich als wesentliches Detail erfahren, daß dem Odysseus am Ende die Heimfahrt beschieden sein wird, nicht aber seinen Gefährten, mit denen er von Troja aufgebrochen ist; und auch den Grund dafür erfahren wir schon jetzt, obwohl die eigentliche Erzählung erst 12, 260f folgen wird.

In einer Götterversammlung wird die Heimkehr des Odysseus festgesetzt. Athene begibt sich nach Ithaka, bestärkt Telemachos in seinem Wunsch, dem maßlosen Treiben der Freier energisch entgegenzutreten, und veranlaßt ihn, eine Fahrt zur Erkundung des Verbleibs seines Vaters zu unternehmen (1). Am folgenden Tag tritt Telemachos in der Volksversammlung zum Staunen aller sehr mutig auf. Athene, in der Gestalt von Odysseus' Freund Mentor, besorgt mittlerweile ein Schiff, und am Abend erfolgt die Abfahrt (2). Am nächsten Morgen landet das Schiff in Pylos, gerade als Nestor mit seinem Volk ein Opfer für Poseidon ausrichtet. Über des Odysseus Schicksal kann er nichts aussagen und sendet Telemachos nach Sparta (3).

Nach zweitägiger Wagenfahrt kommen Telemachos und sein Begleiter, der Nestorsohn Peisistratos, nach Sparta. Telemachos wird erkannt, und Menelaos erzählt, was er von Proteus in Ägypten über die Schicksale der Trojakämpfer erfahren hat: den Odysseus halte die Nymphe Kalypso gegen seinen Willen zurück. Ein Szenenwechsel zeigt uns, daß auf Ithaka mittlerweile die Freier beschlossen haben, Telemachos bei seiner Rückkehr zu ermorden (4).

Der 5. Gesang versetzt uns noch einmal in die Götterversammlung, deren erster Teil zu Beginn des Gedichts die Telemach-Handlung in Gang gebracht hat. Zeus schickt nun Hermes zu Kalypso nach Ogygia mit der Anweisung, Odysseus heimkehren zu lassen. Kalypso gibt den geliebten Mann frei, und mit ihrer Hilfe baut Odysseus ein Floß und sticht in See, doch bemerkt dies Poseidon, der von den Aithiopen zurückkehrt, und läßt ihn scheitern. Mit Hilfe der Meergöttin Ino-Leukothea rettet sich Odysseus an das Gestade von Scheria (5). Durch einen Traum veranlaßt mittlerweile Athene Nausikaa, die Tochter des Königspaares der Phaiaken, Alkinoos und Arete, an die Flußmündung zu fahren, um Wäsche zu waschen. Das fröhliche Lärmen der nach getaner Arbeit spielenden Mädchen weckt Odysseus, er wird von Nausikaa mit Kleidern versehen und macht sich auf den Weg zur Stadt (6).

In Gestalt eines Mädchens geleitet Athene den Helden zum Königspalast, wo er freundlich aufgenommen wird; als Arete, in den Kleidern ihr Eigentum erkennend, nach Namen und Herkunft fragt, erzählt Odysseus nur seine Erlebnisse seit der Abfahrt von Ogygia (7).

Am nächsten Tag erhält Odysseus in einer Volksversammlung die Fahrt nach Hause zugesichert. Den Rest des Tages füllen Kampfspiele zu Ehren des Gastes, bei denen er sich hervortun kann (8). Am Abend gibt Odysseus endlich dem Drängen seiner Gastgeber nach, nennt seinen

Ithaka. Blick nach Norden auf die Landenge des Aëtos

Homer (Replik des sog. Hellenistischen Blinden-Typus, um 100 v. Chr.). Ende 1. Jh. n. Chr. Madrid, Prado

Namen und beginnt mit der Erzählung seiner Abenteuer: die Kikonen und die Eroberung von Ismaros, die Lotophagen, die Kyklopen und Polyphem (9), die Insel des Aiolos, die Laistrygonen, der einjährige Aufenthalt bei Kirke (10), die Fahrt zur Unterwelt und die Befragung der Toten mit der Weisung des Teiresias (11, Nekyia), die Rückkehr zu Kirke und die Weiterfahrt, vorbei an den Sirenen, durch Skylla und Charybdis hindurch nach Thrinakie, wo die Gefährten trotz des ausdrücklichen Verbotes Rinder des Helios schlachten. Bei der Abreise verliert er daher die restlichen Begleiter und rettet sich, nachdem er neun Tage auf See

Odysseus in der Höhle des Polyphem. Mosaik aus der kaiserlichen Villa von Casale bei Piazza Armerina (Sizilien). 4. Jh. n. Chr.

umhergetrieben worden war, nach Ogygia, wo ihn Kalyposo aufnimmt (12).

Am nächsten Morgen fährt das Schiff der Phaiaken ab, und schlafend erreicht Odysseus seine Heimat, erkennt sie aber zunächst nicht. Athene nimmt ihm den Nebel von den Augen, und gemeinsam entwerfen die Göttin und Odysseus einen Plan für das Weitere (13).

Odysseus gelangt, von Athene in einen alten Bettler verwandelt, zum Gehöft des Schweinehirten Eumaios, der ihn bewirtet und den vermeintlichen Fremden über die Verhältnisse auf Ithaka informiert (14). Ein Szenenwechsel zeigt uns die Abfahrt des Telemachos von Sparta und seine Weiterreise mit dem Schiff nach Pylos, wo er noch den Seher Theoklymenos an Bord nimmt, nach Ithaka, an dessen Südküste er, von Athene gewarnt, an Land geht und auf diese Weise dem Anschlag der Freier entkommt (15). Den Eumaios schickt Telemachos mit der Nachricht von seiner Rückkehr in die Stadt und zu Penelope. Odysseus gibt sich, von Athene kurzfristig in seine eigentliche Gestalt zurückversetzt, dem Sohn zu erkennen. Sie beraten das weitere Vorgehen gegen die Freier (16).

Am folgenden Tag begeben sich Eumaios und Odysseus zur Stadt. Auf dem Weg wird Odysseus von dem Ziegenhirten Melanthios verhöhnt und von seinem alten, verwahrlosten Hund Argos erkannt. In der Halle des

Hauses angekommen, sieht sich Odysseus sofort dem Unwillen der Freier ausgesetzt. Von Antinoos wird er mit einem Schemel in den Rücken getroffen (17). Der ithakesische Bettler Iros fordert Odysseus auf, das Haus zu verlassen, und erleidet im folgenden Faustkampf eine Niederlage. Penelope zeigt sich den Freiern, und Odysseus sieht sie zum erstenmal seit zwanzig Jahren. Nach neuerlichen Schmähungen gehen die Freier in ihre Häuser (18).

Am Abend spricht Odysseus mit Penelope und wird bei der Fußwaschung (níptra) von der alten Amme Eurykleia erkannt. Penelope teilt ihm ihren Plan mit, sich mit dem Sieger einer für den folgenden Tag angesetzten Bogenprobe nunmehr endgültig zu verheiraten, nachdem zuvor schon ihr Versuch, Zeit zu gewinnen, indem sie vorgab, ein Bahrtuch für Laërtes zu weben, das Gewebe aber in der Nacht heimlich wieder auftrennte, durch Verrat der Mägde vereitelt worden war (19).

Nur schwer findet Odysseus Schlaf. Am nächsten Tag veranstalten die Freier anläßlich eines Apollonfestes ein großes Mahl, in dessen Verlauf Odysseus wieder geschmäht und angegriffen wird. Der Seher Theoklyme-

Die Gefährten des Odysseus, von Kirke in Schweine verwandelt. Böotischer Skyphos (sog. Kabirenvase). 4. Jh. v. Chr. Nauplia, Museum

Der Freiermord. Odysseus schießt mit dem Bogen auf die Freier, die hinter Tischen und anderem Mobiliar Schutz suchen. Attischer Trinkbecher. Mitte 5. Jh. v. Chr. Berlin, Staatliche Museen (Charlottenburg)

nos sagt den Freiern ihr nahes Ende voraus und wird höhnisch fortgewiesen (20).

Es folgt der Bogenkampf (tóxou thésis): die Aufgabe besteht darin, mit einem Pfeil durch die Stiellöcher von zwölf in einer Reihe angeordneten Äxten zu schießen. Keinem gelingt dies, und mit dem Hinweis auf das Fest versucht Antinoos, der Probe zu entgehen. Mittlerweile hat sich Odysseus den treuen Hirten Eumaios und Philoitios zu erkennen gegeben; auf seinen Befehl verschließen die beiden die Türen, als Odysseus selbst begehrt, den Versuch wagen zu dürfen, was ihm gegen das Geschrei der Freier von Telemachos gestattet wird. Odysseus gelingt der Schuß (21), und sofort richtet er den Bogen gegen die Freier, tötet Antinoos und gibt sich zu erkennen.

Im folgenden Kampf finden alle außer dem Sänger Phemios und dem Herold Medon den Tod; Melanthios, der heimlich in die Waffenkammer gelangte, wird grausam bestraft. In Mentors Gestalt erscheint Athene und ermuntert Odysseus. An den Freiermord schließt sich das Strafgericht über die Mägde: sie werden von Telemachos im Hof erhängt (22, Mnesterophonie = Freiermord).

Penelope, von Athene in tiefen Schlaf versenkt, hat von den Vorgän-

gen nichts bemerkt. Von Eurykleia erfährt sie nun, was vorgefallen ist, bleibt aber ungläubig. Erst als Odysseus sich ihr durch ein ganz persönliches Geheimnis, seine Kenntnis der an einen Olivenbaum gezimmerten Schlafstätte, zu erkennen gibt, glaubt sie an die Rückkehr ihres Gatten. Während der folgenden Nacht berichten sie einander ihre Erlebnisse. Am nächsten Tag begeben sich Odysseus, Telemachos, Philoitios und Eumaios auf das Landgut des Laërtes (23).

Hermes geleitet die Seelen der Freier inzwischen in die Unterwelt, wo sie Agamemnon und Achilleus treffen (sog. Zweite Nekyia). – Auf dem Landgut angelangt, gibt sich Odysseus dem Laërtes zu erkennen. Mittlerweile haben sich die Väter und Verwandten der Freier gesammelt, um Rache zu üben. Nach kurzem Kampf, in dem der Vater des Freiers Antinoos von Laërtes getötet wird, stiftet Athene Versöhnung und Frieden (24).

Telemachos und Penelope. Im Hintergrund der Webstuhl mit dem Leichentuch für Laërtes. Attischer Skyphos des Penelope-Malers. Um 435 v. Chr. Chiusi, Museo Civico

Komposition und Gang der Handlung

Die *Odyssee*, das Gedicht von Odysseus, beginnt damit, daß auf Odysseus zwar stets hingewiesen wird, seine Abenteuer und sein gegenwärtiger Aufenthalt aber vorerst unklar bleiben. In den ersten vier Gesängen, der Telemachie, werden uns die Verhältnisse auf Ithaka, die für Telemachos unerträglich gewordene Situation und die schwierige Lage der Penelope vor Augen geführt. Die Fahrt des Telemachos soll einerseits die Selbständigkeit des Sohnes aufzeigen, der es in die Hand nimmt, etwas über den Vater in Erfahrung zu bringen, und gibt andererseits Gelegenheit für die Erzählungen des Nestor und des Menelaos, die selbst wieder das Auftreten des Odysseus und die große Erzählung seiner Abenteuer vorbereiten.

Die Insel der Phaiaken, auf die Odysseus nach den acht Jahren bei Kalypso kommt, dient als Kreuzung und Knotenpunkt der ganzen Dichtung: hier tritt Odysseus persönlich in die Handlung ein, kehrt aber nicht vom Märchenland direkt in die reale Welt zurück, sondern gelangt zuerst zu einem Volk gewöhnlicher Menschen, das durch seine besondere Stellung aber doch als nicht ganz wirklich gekennzeichnet ist. Auf Scheria hat Odysseus Gelegenheit, das vor der Zeit der Erzählung Liegende zu berichten und alle seine Erlebnisse mitzuteilen. Hier vollbringt er seine ersten Taten vor dem Leser bei den Wettspielen – ein Vorverweis auf den Faustkampf mit dem Bettler Iros, die Bogenprobe und den Freiermord. Wie später auf Ithaka wird er hier durch eine Schmähung zur Aristie veranlaßt. Erst von Scheria aus gelangt Odysseus schließlich von der halben Märchenwelt in die Realität der Heimat. Man darf folglich für die Phaiaken und ihre Insel kein konkretes Vorbild suchen: ihre Existenz verdanken sie ausschließlich dem poetischen Plan des Dichters. Auch die Funktion der Königstochter Nausikaa ist unter diesem Aspekt zu verstehen: sie dient dazu, dem verschollen gewesenen Odysseus den Übergang in die reale Welt zu ermöglichen.

Erst durch die Ankunft des Odysseus in Ithaka erhält auch äußerlich die bisher stark geraffte, durch Vor- und Rückverweise gekennzeichnete Handlung einen mehr statischen Charakter. Wie schon betont wird nun die natürliche zeitliche Abfolge erreicht und bis zum Ende der Dichtung beibehalten.

Odysseus und die Sirenen. Die Sirenen sind als Vögel mit Frauenköpfen dargestellt; eine von ihnen fällt, als ihr Vorhaben mißlingt, vom Felsen herunter. Attischer Stamnos des Sirenenmalers. Um 475 v. Chr. London, British Museum

Der epische Kyklos

Unter dem schon im Altertum gebräuchlichen zusammenfassenden Titel «epischer Kyklos» versteht man eine Reihe von epischen Gedichten verschiedenen Umfangs, die in inhaltlicher und episch-chronologischer Hinsicht *Ilias* und *Odyssee* ergänzen und in einen großen Kreis (kýklos) von Sagen einbinden sollen. Die dichterische Qualität dieser für uns bis auf wenige Bruchstücke und einige Inhaltsangaben (für den troischen Sagenkreis vor allem von dem Grammatiker Proklos aus dem 2. Jh. n. Chr.) verlorenen Dichtungen war nach dem Urteil des Aristoteles gering (s. S. 51). Er rügte vor allem den einfachen, chronologisch-fortlaufenden Aufbau, der einen krassen Gegensatz zur kunstvollen Anlage von *Ilias* und *Odyssee* bildet.

Nicht zu allen Zeiten wurden diese Dichtungen insgesamt Homer zugeschrieben; es werden auch andere Namen überliefert, wie Arktinos von Milet, Lesches, Kinaithon oder Eugammon von Kyrene. Die Nachrichten sind zu spärlich und ungenau, um hier festen Grund gewinnen zu können.

Mehrere Dichtungen des «Kyklos» vervollständigen den troischen Sagenkreis. So waren in den «Kyprien» in elf Büchern die der *Ilias* vorangehenden Ereignisse behandelt: der Entschluß des Göttervaters Zeus, einen Krieg stattfinden zu lassen, weil die Erde übervölkert sei, ferner alle Gegebenheiten, die in der *Ilias* vorausgesetzt sind, wie zum Beispiel die Hochzeit von Peleus und Thetis, das Paris-Urteil (in der *Ilias* findet sich nur einmal eine Anspielung, XXIV 25–30), die Sammlung der Flotte in Aulis sowie die Ereignisse der neun Kriegsjahre vor Beginn der Handlung der *Ilias*. Schon Herodot, dessen Homer-Kenntnis uns wichtige Informationen liefert, bezweifelte allerdings wegen einer sachlichen Unstimmigkeit ausdrücklich die Autorschaft Homers für die «Kyprien».[68]

Den unmittelbaren Anschluß an die *Ilias* bildete die «Aithiopis», in der in fünf Büchern die letzten Taten Achills, seine Siege über die Amazonenkönigin Penthesileia und Memnon, den Herrscher der Aithiopen, sowie sein Tod durch den von Apollon gelenkten Pfeil des Paris erzählt waren.

Einzelne Episoden der eigentlichen Zerstörung Trojas enthielten offenbar die zwei Bücher der sogenannten «Iliupersis» (Zerstörung von Ilion).

Ferner existierten noch eine «Kleine Ilias» (vier Bücher), deren Inhalt nicht klar erkennbar ist, die aber vielleicht eine knappe Zusammenfassung des Geschehens von Hektors Tod bis zum Untergang der Stadt bot.

Die *Odyssee* enthält nur die ausgeführte Erzählung der Heimkehr eines Helden; doch allein der Bericht des Menelaos und vor allem die Nekyia lassen die Schicksale anderer Trojakämpfer erkennen. Eine eigene Dichtung, die «Nosten» (nóstoi, «Heimkehren»), enthielten in fünf Büchern offenbar eine Zusammenfassung der Heimkehrabenteuer anderer Kriegsteilnehmer.

Eine Fortsetzung der *Odyssee*, deren Notwendigkeit sich aus der Teiresias-Prophezeiung[69] ergibt, bot die «Telegonie». Beschrieben wurden die Wanderungen des Odysseus, der als Poseidonkultbringer fungiert, sowie die Schicksale des Telegonos, des Sohnes von Odysseus und Kirke, der auf der Suche nach seinem Vater auf Ithaka landet und Odysseus unwissentlich tötet. Den Schluß bildete eine Doppelhochzeit zwischen Penelope und Telegonos sowie Kirke und Telemachos (!).

Die Datierung dieser Epen ist schwierig und unsicher; man kann aber annehmen, daß sie in der für uns erkennbaren Form im 7., 6. und 5. Jahrhundert entstanden. Ihre Stoffe sind freilich viel älter; die Auffassung, daß etwa «Kyprien» und «Aithiopis» vor unseren Epen anzusetzen wären und der Stoff der *Ilias* aus dem «Kyklos» gewonnen sei, ist auf Grund des großen Unterschieds zwischen der einfachen poetischen Form der kyklischen Epen und dem hohen dichterischen Gehalt von *Ilias* und *Odyssee* trotz der Bemühungen der Neoanalytiker nicht beweisbar. – Einen Ersatz für die offenbar zu seiner Zeit größtenteils verlorenen Werke des Kyklos bemühte sich im 4. Jh. n. Chr. Quintus Smyrnaeus zu schaffen. Seine vierzehn Bücher «Posthomerica» enthielten die Ereignisse nach der *Ilias*, also den Stoff der «Aithiopis», der «Kleinen Ilias» und der «Iliupersis».

Neben diesen Gedichten des troischen Sagenkreises, die zu *Ilias* und *Odyssee* in Beziehung stehen, finden sich im epischen «Kyklos» noch drei Epen des thebanischen Kreises: die «Oidipodeia» mit ca. 6600 Versen, in denen die Ödipussage abgehandelt war, ferner die «Thebaïs» (ca. 7000 Verse), die bereits im 7. Jahrhundert unter Homers Namen verbreitet war, was vielleicht auf hohes Alter hinweist. Der Inhalt war der Zug der Sieben gegen Theben; unmittelbar anschließend ist das dritte Epos, die «Epigonen» (ebenfalls ca. 7000 Verse), in dem der Rachezug der Söhne der Sieben gegen Theben beschrieben war. Die Verfasserschaft Homers für diese Epen bezweifelte wieder Herodot.[70]

Die homerischen Hymnen

33 hexametrische Gedichte von sehr unterschiedlicher Länge, die jeweils dem Preise einzelner Götter gewidmet sind, haben sich als kleiner Rest der großen Menge derartiger, im Altertum überaus beliebter Götterpreisungen in einer Sammlung als «homerische» Hymnen erhalten. Die Entstehungszeit der Gedichte ist verschieden, einzelne Datierungen sind schwer. Die Bezeichnung «homerisch» ist vor allem durch die dem Epos verwandte Sprache und die Verwendung des epischen Formelrepertoires berechtigt. Einen Hinweis auf den Zweck derartiger Dichtungen gibt uns der Apollonhymnus (3, 146f), aus dem hervorgeht, daß er als Preislied auf den Gott für das jährliche Fest der Ioner auf Delos gedacht war. Einen Beleg für diese Aufführungspraxis bietet auch Thukydides[71], der im ältesten Zeugnis für die homerischen Hymnen, das wir besitzen, das prooímion («Vorlied») Apóllōnos erwähnt.

Die größeren Stücke der Sammlung sind die Hymnen auf Demeter (2) und Apollon (3) sowie auf Hermes (4) und Aphrodite (5), die wohl alle noch in das 7. Jahrhundert zu datieren sind. Stücke mittlerer Länge sind der anmutige Hymnus auf Pan (19) und der zweite Hymnus auf Dionysos (7); bei dem in seiner vorliegenden Fassung bruchstückhaft kurzen, an der Spitze der Sammlung stehenden ersten Hymnus auf den Gott handelt es sich um den Schlußteil eines wohl ebenfalls längeren Preisliedes.

Der Rest ist, zum Teil in extremer Kürze, an weitere olympische Götter gerichtet, wie zum Beispiel Ares, Artemis, Athene, Hera, Hephaistos, Poseidon, sowie an Halbgötter und Heroen, wie Herakles, Asklepios, an die Dioskuren, an die Musen, an Helios und Selene. Als Kuriosum sei vermerkt, daß der Hymnus an Zeus bloß vier Verse umfaßt. Eine Erklärung bietet uns vielleicht die Benennung der Hymnen als Prooimien: dadurch ist nahegelegt, daß diese vier Verse auf Zeus als Auftakt dienten für ein längeres Gebet oder einen Lobpreis an den Gott, wobei man durchaus an Abschnitte etwa aus der *Ilias* denken darf.

Die Batrachomyomachie

Ein Krieg der Tiere, ein Kampf zwischen Fröschen und Mäusen ist hier in 303 Hexametern geschildert, wobei in satirisch-parodierender Weise Elemente des hohen Epenstils, wie etwa Kampfschilderungen, auf die Tiere übertragen werden. Die Meinungen über die Datierung des Werkes reichen vom 6. bis zum 1. Jahrhundert v. Chr. Es ist offenkundig, daß es sich um Epenparodie handelt; dem Dichter der *Ilias* wird man das Werk nicht zuweisen, doch sei daran erinnert, daß Humor und Originalität gerade auch in den Hymnen, besonders in den Hymnen auf Hermes oder auf Pan, feststellbar sind, so daß der Zeitpunkt der Entstehung wegen des homerischen Wort- und Formelgutes zwar nicht näher bestimmbar ist, sehr wohl aber auch relativ früh anzusetzen sein kann. Außer Homer wird in der Überlieferung auch Pigres aus Karien als Verfasser genannt. Die große Wirkung der Dichtung zeigt nicht nur der in Anlehnung an sie verfaßte Katzenmäusekrieg, die Katomyomachie des byzantinischen Dichters Theodoros Prodromos (12. Jh.), sondern etwa auch die 1595 erschienene barocke Nachdichtung von Georg Rollenhagen in den Froschmeuselern.

Der Margites

Das neben Homer gleichfalls dem Karer Pigres zugeschriebene epische Gedicht vom Tölpel Margites, der alles verkehrt anpackt und nach seiner Verheiratung von seiner Frau erst mit viel Mühe in die Annehmlichkeiten der Liebe eingeweiht werden muß, unterschied sich rein äußerlich schon

Links: Apotheose Homers (Weihrelief des Archelaos von Priene). Im obersten Streifen Zeus; unterster Streifen: links Homer, auf einem Thron sitzend, links und rechts kniend: Ilias und Odyssee; vorne an der Fußbank deuten ein Frosch und eine Maus auf die Homer zugeschriebene Batrachomyomachie hin (andere Erklärungen sprechen von einer Buchrolle, die von zwei Mäusen angenagt wird); hinter Homer: Chronos (Zeitgott) und Oikumene (= die bewohnte Welt) bekränzen den Dichter. Vor dem Thron eine Opferszene: Mythos als Opferdiener, hinter dem Altar ein Buckelochse; rechts streut Historia, die Geschichte, Weihrauch in die Flamme. Die im einzelnen schwierige Deutung der Szenen wird durch die Beischriften am Fuße des Reliefs erleichtert. Ende 2. Jh. v. Chr. London, British Museum

von hoher epischer Dichtung: in offenbar unregelmäßiger Folge waren zwischen die Hexameter jeweils einzelne iambische Trimeter eingestreut. Ein Vers aus dem Epos, in dem der Charakter des Margites festgehalten ist, wird in einem Platon zugeschriebenen Dialog überliefert: «Viele Dinge verstand er, doch schlecht verstand er sie alle!»[72] Von der Dichtung sind nur wenige Fragmente erhalten; über Gestalt und Aufbau vermögen wir uns kein Urteil zu bilden.

Die Epigramme

Unter Homers Namen liefen auch noch die schon erwähnten, in den verschiedenen Viten sowie im «Certamen Homeri et Hesiodi» enthaltenen Verse. Manches davon mag auf Sängertradition zurückgehen, wie etwa das Lied von den Töpfern, das Läuserätsel oder der Wettkampf selbst. Daß die gebundene Form der Erhaltung von älterem Gut durchaus günstig war, erwähnten wir schon. Die alexandrinischen Gelehrten freilich ließen keines dieser Stücke für homerisch gelten.

Hektors Abschied. Hektor, in voller Rüstung, besteigt seinen von einem Wagenführer gelenkten Streitwagen, während seine Frau Andromache, die den Sohn Astyanax auf der Schulter trägt, die Lanze hält. Schwarzfigurige tyrrhenische Amphora. 6. Jh. v. Chr. Rom, Sammlung Basseggio

Zur Übersetzung der homerischen Gedichte

Für den deutschsprachigen Homer-Leser ist es schwer, eine gute, sachlich und poetisch treffende Übersetzung zu finden. Als unheilvoll in dieser Hinsicht hat sich vor allem die für sich geniale und für ihre Zeit bedeutende klassische Hexameterübersetzung von Johann Heinrich Voß (*Odyssee* 1781, *Ilias* 1793) erwiesen. Während Engländer und Franzosen schon seit langem Prosaübersetzungen lesen konnten, blieben im deutschen Sprachraum Versuche in dieser Richtung völlig unbeachtet, wogegen Versübersetzungen weiterhin in relativ großer Zahl produziert wurden. Hervorzuheben sind die Übertragungen von Rudolf Alexander Schröder (1940 und 1948), Hans Rupé (*Ilias*, 1948) und Anton Weiher (*Odyssee*, 1955). Doch erst die jahrelange, mit Überzeugungskraft und Begeisterung geführte und mit eigenen Versuchen untermauerte Verteidigung der Prosaübertragung durch Wolfgang Schadewaldt hat metrische Übersetzungen heute in den Hintergrund drängen können. Freilich, es bedurfte der sprachlichen Souveränität und des Einfühlungsvermögens eines Wolfgang Schadewaldt, um Übersetzungen zu schaffen, die nicht nur das Original wort-, gedanken- und strukturgetreu wiedergeben, sondern auch für sich sprachschöpferische Leistungen darstellen. – Übrigens hat schon Goethe mehrfach einer Prosaübersetzung das Wort geredet: «. . . das wahrhaft Ausbildende und Fördernde ist dasjenige, was vom Dichter übrigbleibt, wenn er in Prosa übersetzt wird. Deshalb gebe ich zu bedenken, ob nicht zunächst eine prosaische Übersetzung des Homer zu unternehmen wäre.»[73] Ulrich von Wilamowitz-Moellendorff wandte sich gegen die pathetischen, schleppenden Hexameter, wie sie sich in den Übertragungen Eduard Mörikes und eben bei Voß finden: «Der Hexameter wird im Deutschen nie eine gute Übersetzung erbringen: das Versmaß eignet sich nicht für die deutsche Sprache!» Und über verschiedene Übersetzungen urteilt Wilamowitz: «Der schlechthin unerträgliche Voß muß freilich ohne Gnade verbannt werden . . . G. Meyer's Odyssee darf man nehmen . . . Thassilo von Scheffer nicht.»[74]

Bei jedem Versuch einer guten Übertragung wird man an den Seufzer eines anderen *Ilias*-Übersetzers, Friedrich Leopold Graf zu Stolberg aus dem Umkreis des Göttinger Hains, erinnert (seine Hexameterfassung erschien 1778), der zu *Illias* VI 484 dạkryóẹn gelásạsa; pósịs d' eléẹ̄se noẹ̄sas (*unter Tränen lachend; der Gatte erbarmte sich, als er es merkte*) der Unmöglichkeit einer völlig getreuen Übersetzung Ausdruck verlieh: «O lieber Leser, lerne Griechisch, und wirf meine Übersetzung ins Feuer!»

Zur Veranschaulichung sei als Probe der schöne und ergreifende Abschnitt, aus dem der eben zitierte Vers stammt, zu einem Vergleich einiger Übersetzungen herangezogen. Hektors kleiner Sohn Astyanax, von einer Amme im Arm getragen, begleitet seine Mutter Andromache zum Abschied von Hektor, der in den Kampf zieht. Nach der Rede der Mutter, die ihren Gatten zurückhalten will, und der Antwort des Vaters, der seinen Entschluß mit Staatsraison zu motivieren versucht, langt Hektor nach seinem Sohn, um ihn zu küssen. Astyanax aber erschrickt vor dem funkelnden Erz der Rüstung und dem Helmbusch, der furchterregend auf- und niederwippt, und beginnt zu weinen. Hektor und Andromache können sich eines Lachens nicht erwehren, und Hektor sendet ein Gebet zu Zeus, in dem er um Tapferkeit für seinen Sohn bittet. Die folgenden Verse VI 482–493 lauten bei Schadewaldt:

So sprach er und legte seiner Gattin in die Arme
Seinen Sohn, und sie empfing ihn in dem duftenden Bausch des Gewandes,
Unter Tränen lachend. Den Mann erbarmte es, als er es sah,
Und er streichelte sie mit der Hand, sprach das Wort und benannte es heraus:
«Unbegreifliche! quäle dich mir nicht gar zu sehr in deinem Mute!
Denn über mein Teil hinaus wird mich kein Mann dem Hades vorwerfen!
Aber dem Schicksal, sage ich, ist keiner entronnen von den Männern,
Nicht gering noch edel, nachdem er einmal geboren.
Doch du geh ins Haus und besorge deine eigenen Werke:
Webstuhl und Spindel, und befiehl den Dienerinnen,
An ihr Werk zu gehen. Der Krieg ist Sache der Männer,
Aller, und zumeist die meine, die wir angestammt sind in Ilios.»

Johann Heinrich Voß übersetzt:

Jener sprach's und reicht' in die Arme der liebenden Gattin
Seinen Sohn, und sie drückt' ihn an ihren duftenden Busen,
Lächelnd mit Tränen im Blick; und ihr Mann voll inniger Wehmut
Streichelte sie mit der Hand und redete, also beginnend:
«Armes Weib, nicht mußt du zu sehr mir trauern im Herzen!
Keiner wird gegen Geschick hinab mich senden zum Aïs,
Doch dem Verhängnis entrann wohl nie der Sterblichen einer,
Edel oder geringe, nachdem er einmal gezeugt ward.
Doch, zum Gemach hingehend, besorge du deine Geschäfte,
Spindel und Webestuhl, und gebeut den dienenden Weibern,
Fleißig am Werke zu sein. Der Krieg gebühret den Männern
Allen und mir am meisten, die Ilios' Feste bewohnen.»

Hans Rupé:

Also sprach er und legt' in die Arme der liebenden Gattin
Seinen Sohn, und sie drückt' ihn an ihren duftenden Busen,
Unter Tränen noch lächelnd; ihr Gatte, von Mitleid ergriffen,
Streichelte sie mit der Hand, und redete, also beginnend:
«Armes Weib, nicht mußt du zu sehr mir im Herzen dich grämen!

Homer (Replik des sog. Epimenides-Typus, um 460 v. Chr.). Anfang des 2. Jhs. n. Chr. München, Glyptothek

Gegen das Schicksal wird keiner hinab zum Hades mich senden.
Doch dem Verhängnis entrann wohl nie der Sterblichen einer,
Edel oder gering, nachdem er einmal gezeugt ward.
Aber nun geh' ins Haus, besorge du deine Geschäfte,
Spindel und Webestuhl, und mahne die dienenden Mägde,
Fleißig am Werke zu sein. Der Krieg sei Sorge der Männer
Aller, und meine zuerst, die hier aus Ilios stammen.»

Rudolf Alexander Schröder:

Sagte der Frau das Wort und kam und legte sein Söhnlein
Ihr in den Arm: die barg's im duftenden Bausch des Gewandes,
Lachend und weinend zugleich. – Ihn jammerte das: er fuhr ihr
Hold um Wangen und Kinn, hub an und sagte die Worte:
«Frau, Verblendete, kränke dein Herz nicht über Gebühren.
Mich schickt keiner zum Hades hinab, als wenn es verhängt ist.
Doch dem Verhängnis wird, so dünkt mich, keiner entrinnen,
Weder Gering noch Hoch, sobald er irgend zur Welt kam.
Nun aber geh nach Haus und schau dort deinem Gewese,
Spindel und Webstuhl nach und gib den Mägden Befehle,
Daß sie sich tummeln; doch bleibe der Krieg die Sorge der Männer,
Aller, und meine zuerst, so Ilios innegeboren.»

Und schließlich übersetzt Stolberg selbst folgendermaßen:

Sprach's und übergab den Händen der Inniggeliebten
Ihren Sohn; sie drückt' ihn an ihren duftenden Busen,
Lächelnd mit weinenden Augen! Sie rührte die Seele des Mannes,
Und er streichelt' ihr kosend die Hand mit freundlichen Worten:
«Liebes Weib, bekümmre dich nicht zu heftig im Herzen!
Gegen das Schicksal wird mich keiner hinab zu den Schatten
Senden; seinem Geschick ist wohl kein Mensch noch entronnen,
Nicht der Feige, eben so wenig der tapferste Streiter.
Aber gehe heim zu deiner Arbeit, zu Spindel
Und Gewebe, verteile den Mägden ihre Geschäfte.
Laß den Männern die Sorge des Krieges, unter den Männern
Mir besonders am meisten vor allen Söhnen von Troia.»

Anmerkungen

1 Xenophon Symp. III 5 und IV 6; vgl. Aristophanes fr. 222 Hall – Geldart. Gegen diese Auffassung vor allem Platon Politeia 600a–602b
2 Vgl. auch Od. 17, 473f und 18, 53f
3 Ars poetica 359–360
4 18, 45 und 40, 73 sowie 41, 6
5 31, 65f mit 34, 125f
6 Zur Einführung der Schrift im griechischen Raum vgl. G. Pfohl (Hg.), Das Alphabet. Entstehung und Entwicklung der griechischen Schrift (= Wege der Forschung 88, Darmstadt 1968), bes. XVII–XIX (Übersicht über den Stand der Forschung)
7 Vgl. Od. 1, 10 und 8, 74
8 Od. 8, 73–82 und 492–520
9 So Od. 8, 480f, 497f; 22, 347f: ein Gott gab den göttlichen Gesang
10 Vgl. Heraklit von Ephesos fr. 104 Diels–Kranz
11 Die Ableitung der Bezeichnung rhapsōdós von rhabdós, Stab, wird heute verworfen; man nimmt an, daß das Wort vielmehr zu rháptein, «zusammenflicken», zu stellen ist und dadurch die Arbeitsweise der Rhapsoden bezeichnet.
12 Platon Hipparch. 228b; vgl. Diog. Laërt. I 57
13 Heute noch zu beobachtende vergleichbare mündliche Vortragende sind zum einen der orientalische Märchenerzähler, wie er in der Türkei angetroffen werden kann und der zumeist über einen schier unerschöpflichen Vorrat an Geschichten verfügt, zum anderen der neapolitanische cantastoria, der in Hinterhöfen zur Ziehharmonikabegleitung Lieder oft derben und obszönen Inhalts vorträgt, wobei ihn die Zuhörer im Kreis umstehen. Seine meist schauderhafte Stimme und die den Gesang begleitende Pantomimik zeigen ebenso wie die Kostümierung, Hut und lange Nase, eine Verbindung zur Harlekingestalt auf.
14 Vgl. dazu Fränkel, Dichtung und Phil. 16f und Dirlmeier, Das serbokroatische Heldenlied 16f
15 Od. 11: 640 Verse, 17: 606 V., 19: 604 V. Il. I und XXI: 611 Verse
16 A. Lesky, Mündlichkeit und Schriftlichkeit im homerischen Epos 70
17 Literaturangaben finden sich in der Bibliographie, Abschnitt 16. – Zusammenfassend und über das wissenschaftliche Schrifttum zur Homer-Biographie informierend ist vor allem das Büchlein von W. Schadewaldt, Legende von Homer, dem fahrenden Sänger (Zürich [2]1959) sowie A. Lesky, Homeros 1–7.
18 Eingehende Untersuchungen des Wortschatzes der Dichtungen haben ergeben, daß Hesiod beide homerischen Epen kannte und folglich etwas jünger war als der homerische Dichter.
19 Das berühmte Distichon ist in mehreren Fassungen erhalten; vgl. Anth. Pal. XVI 297–298 und Gellius Noct. Att. 3, 11. Bemerkenswert ist, daß in allen Fassungen Smyrna an der Spitze steht. Außer Smyrna begegnen insgesamt neunzehn weitere Städte, darunter Kyme, Ithaka und Athen.
20 Dieser Ausgang des Wettkampfes wird wohl nicht nur um der überraschenden

Pointe willen gewählt sein, sondern die moralisierende, fast pazifistische Tendenz, die darin zum Ausdruck kommt, entspricht völlig späteren, sophistischen Denkmustern, ist aber ganz unmöglich für die alte Zeit. Auch daraus ergibt sich ein Hinweis auf die Zeit der Endfassung des certamen, die F. Nietzsche einst – wie es scheint, zu Recht – dem Sophisten Alkidamas zugeschrieben hat.

21 Anth. Pal. IX 448 und XIV 65. Das Rätsel war schon um die Wende vom 6. zum 5. Jh. v. Chr. dem Philosophen Heraklit von Ephesos bekannt, vgl. fr. 56 Diels–Kranz

22 Fr. 29 Diehl

23 Dazu vor allem Schadewaldt, Von Homers Welt und Werk[4] 103, 434

24 Von späteren, mythisch umgedeuteten Berichten über die Geburt sei die angeblich auf Aristoteles zurückgehende Mitteilung (überliefert bei Ps.-Plutarch vita 1, 3) angeführt, Homer sei während der ionischen Kolonisation auf der von Athenern besiedelten Insel Ios von einem Daimon gezeugt und in Smyrna geboren worden; die Harmonisierung aller Angaben liegt klar auf der Hand. Auf einen mythischen Hieros Gamos, eine heilige Hochzeit, wird die Geburt Homers auch sonst (und vielleicht schon relativ früh) zurückgeführt; hingewiesen sei auf eine Bemerkung Heliodors von Emesa (3. Jh. n. Chr.) in seinem Roman «Aithiopika» (III 14, 2): «Andere, mein Lieber, mögen behaupten, daß Homer anderswoher stamme, und jede Stadt soll die Heimat des weisen Mannes sein, er ist aber in Wahrheit ein unsriger, ein Ägypter, und seine Vaterstadt ist Theben, das *hunderttorige*, wie er es selbst nennt. Sein Vater war angeblich ein Priester, in Wirklichkeit aber der Gott Hermes selbst, eben dessen Priester der vermeintliche Vater war. Als nämlich dessen Frau eine heilige Handlung nach Landesbrauch vollzog und im Tempel schlief, da wohnte ihr der Gott bei, und zeugte den Homer.» Vgl. auch Plutarch Sert. 1, 3. – Bei dem erwähnten Namen der Mutter, Kretheïs, dürfte es sich um einen Nymphennamen handeln, der in Ermangelung authentischer Zeugnisse wegen der Unbekanntheit der Eltern Homers eingesetzt wurde; auf diese Ansicht führt letztlich auch der Hinweis auf uneheliche Geburt des Dichters.

25 III 104

26 Contra Apionem 1, 2

27 Das Buch ist heute lediglich in einem einzigen Exemplar in der Bibliothèque Nationale in Paris erhalten.

28 Opuscula V, VI und VIII, 1832–1840

29 Goethe zu Eckermann, 1. Februar 1827

30 Fr. 153 Bergk = 178 Lasserre-Bonnard

31 4, 1448 b 30

32 24, 1459 b 12f (O. Gigon)

33 Ps.-Longinos Perì hýpsous 9, 12–13 passim

34 Zum Gang der Forschung vgl. die übersichtliche Zusammenstellung bei Lesky, Homeros 78–98 (für die *Ilias*) und 117–123 (für die *Odyssee*) sowie die neuere Übersicht von Heubeck, die homerische Frage 15–55 (*Ilias*) und 87–109 (*Odyssee*).

35 Schadewaldt hat seine Ansichten nur an zwei Stellen knapp zusammengefaßt: einmal in der Nacherzählung der Odysseus-Heimkehr, die erstmals 1946 erschien (jetzt in: Von Homers Welt und Werk[4] 375–412), und dann in dem Verzeichnis der dem Dichter B angehörenden Partien, das der *Odyssee*-Übersetzung von 1958 beigefügt ist (330–331 = Von Homers Welt und Werk[4] 486–488 = Hellas und Hesperien I[2] (1970) 105.

36 24, 472f und 5, 5f

37 23, 1459 a 30f (O. Gigon)

38 Die Zeitangaben in den Epen geben einen ungefähren Begriff; eine strenge Zeitrechnung ist allerdings nicht durchgeführt, sondern das Geschehen spielt sich in einer idealen Zeit ab (so wird es während des großen dritten Schlachtta-

ges der Ilias zweimal Mittag, XI 84 und XVI 777 – es liegt hier kein Fehler vor, sondern der Dichter verfolgt mehrere Handlungsstränge, zu deren Verbindung er die Mittagszeit jeweils anführt).

39 2. Kampftag: VIII 1–488; 4. Kampftag: XIX 1 – XXIII 58

40 Pap. Ox. 1086 zu Il. II 763

41 Cic. ad Att. I 16, 1

42 Z. B. Od. 22, 241–243, 266–268, 283–286, 292–295

43 Od. 17, 217–232, 248–253

44 Od. 17, 290–327, 336

45 V 431–439; XVI 698–706

46 V 440–442; XVI 707–709

47 XVI 791–796, 818–821

48 18, 321f und 19, 65f

49 Vgl. Helbig, Epos und Denkmäler[2] 284–294

50 Il. VI 468–470; vgl. S. 130

51 M. Treu, Von Homer zur Lyrik 28, 35 hat alle einschlägigen Stellen zusammengetragen.

52 Il. XII 383 (Aias gegen Epikles); XII 449 (Hektor gegen das Tor des Schiffslagers); XX 287 (Aineias gegen Achilleus)

53 Il. I 266, IV 308f u. ö.

54 Weitere Beispiele: Il. XVII 319–325 (Apollon), XVIII 165–169 (Iris)

55 Vgl. noch XI 305f, V 522f, XVI 297f, 364f

56 Der Gott von Delphi und die Humanitätstidee (Frankfurt a. M. 1975) 19f = Hellas und Hesperien I[2] (1970) 675

57 Vgl. auch Il. V 445–448

58 Vgl. auch Il. XXI 483f, Od. 15, 478

59 Il. V 60–64; ebenso der Goldschmied, Od. 6, 232f = 23, 159f

60 Vita Herodot. 32, 440 Allen

61 Ares und Athene als Kriegsgötter: Il. XIII 127f, XVIII 516–519

62 Hymn. Apoll. 3, 316–321. Vgl. Il. XVIII 394–422, wo Hephaistos selbst über diesen Sturz berichtet.

63 Vgl. Il. XXIII 482, Od. 10, 491 u. ö.

64 Il. IX 457, Od. 10, 494ff, 11, 213

65 Hymn. Dem. 2, 7f, 347f

66 Hymn. Herm. 4, 108f, Od. 15, 319

67 Hermes als Schutzgott der Wanderer ist das Ursprüngliche: Von seiner Funktion als Wegweiser, als Geleiter hat er den Namen erhalten, denn hermaîa hießen die aus Steinen am Wegrand aufgeschichteten Haufen, die den Reisenden zur Orientierung dienten (ein solcher Steinhaufen ist in der *Odyssee* 16, 471 erwähnt), und in deren Mitte später stets eine Herme aufgestellt war, ein Standbild des Gottes, das nur den Kopf und am kahlen Schaft die Geschlechtsteile zeigt.

68 II 117

69 Od. 11, 119–137; vgl. 23, 268–284

70 IV 32

71 III 104, 4

72 Ps.-Platon Alcib. II 147 b

73 Dichtung und Wahrheit XI, Jubiläums-Ausgabe 24, S. 56

74 U. v. Wilamowitz-Moellendorff, Was ist übersetzen? Reden und Vorträge I (Dublin–Zürich [5]1967) 1–36, bes. 8f, sowie Das homerische Epos, ebd. 37–82 (das Zitat 78). – Zur Problematik einer adäquaten deutschen Übersetzung vgl. W. Schadewaldt, Das Problem des Übersetzens (1927). Hellas und Hesperien II[2] (1970) 608–622 und, Wesentliches zusammenfassend, im Nachwort zur *Odyssee*-Übersetzung ([2]1966) 321–327 (433–441 in der Artemis-Ausgabe) und dem der *Ilias*-Übertragung (1975) 425–427.

Zeittafel

2000–1700 v. Chr.	Ältere Palastzeit auf Kreta (Minos). Entwicklung der Silbenschrift Linear A
ca. 1700	Untergang der ersten Hochkultur auf Kreta
1700–1450	Jüngere Palastzeit: Hochblüte der kretisch-minoischen Kultur (Palastanlagen von Knossos, Phaistos, Mallia) und Kunst (Wandmalereien, Schnittervase usw.)
1600–1400	Mykenische Epoche auf dem griechischen Festland (Schachtgräber in Mykene); Ausdehnung der Macht der Mykenäer auf Kreta und Errichtung einer Oberhoheit. Weiterentwicklung der Schrift: Linear B (Funde von Schrifttäfelchen in Knossos, Pylos, Mykene)
1500–1400	Ausbruch des Vulkans von Thera und Zerstörung der Siedlung von Akrotiri
1400–1150	Blütezeit der kretisch-mykenischen Kultur. Ausbau der Siedlungen zu stark befestigten Burgen (Mykene, Tiryns). Entfaltung der Kunst: Siegelring von Phaistos, Löwentor, Kriegervase von Mykene, Fresken von Pylos usw. Kuppelgräber («Schatzhaus des Atreus» in Mykene). – Politische Verhältnisse: Heerkönigtum einzelner Stämme, bei kriegerischen Unternehmungen Zusammenfassung mehrerer Kleinfürsten unter einem Oberherrn
1184	Zerstörung Trojas (nach antiker Chronologie)
1200/1100–900	Zeit der dorischen Wanderung
um 900	Abschluß der Wanderbewegungen: Achaier und Aioler bewohnen die Ostküste Thessaliens, Lesbos, die Troas und die kleinasiatische Westküste bis zum Golf von Smyrna; die Ioner Attika, Euboia, Chalkidike, die Sporaden und Kykladen sowie Kleinasien bis zur Halbinsel von Milet; die Dorier und Nordwestgriechen das übrige Griechenland, Kreta, Melos, Thera, die Inseln der Dodekanes mit Rhodos, die Westküste Kleinasiens von Halikarnassos bis zur Indosmündung, die Südspitze Italiens und die Südostküste Siziliens
9./8. Jh.	Übernahme und Verbreitung der phönikischen Buchstabenschrift
um 900	Gründung Spartas. Zusammenschluß Attikas
814/13	Gründung Karthagos
776	Beginn der Olympionikenliste (erste Olympiade)
nach 770	Beginn der griechischen Kolonisation im westlichen Mittelmeer: Kyme (Cumae, 770), Syrakus (733), Tarent (um 700)
um 750	Gründung Roms
2. H. des 8. Jh.	Zeitalter Homers
um 700	Hesiodos aus Askra in Boiotien (Werke: Theogonie, Werke und Tage)

7./6. Jh.	Zeitalter der Tyrannis in Griechenland
621	Athen: Gesetzgebung des Drakon
594	Archontat des Solon
566	Stiftung der Panathenäen und Beginn der großen Festaufführungen zu Ehren der Athena Parthenos
560–510	Tyrannis des Peisistratos und seiner Söhne Hippias und Hipparchos
490–477	Perserkämpfe
443–429	Zeitalter des Perikles (Entfaltung der Tragödie, Blütezeit der Bildenden Kunst: Parthenon usw.)
431–404	Peloponnesischer Krieg
359–336	Philipp von Makedonien
336–323	Alexander der Große
280–30	Zeitalter des Hellenismus
um 280	Gründung der Bibliothek in Alexandria
um 250	L. Livius Andronicus übersetzt die *Odyssee* als Schulbuch ins Lateinische (Odusia)
ca. 217–145	Aristarchos von Samothrake, Schüler des Aristophanes von Byzanz, sechster Vorstand der alexandrinischen Bibliothek, versuchte in seiner Homer-Ausgabe fremde und störende Einschübe zu eliminieren
ca. 200–169	Q. Ennius, römischer Dichter (Annales, Tragödien), betrachtet sich als zweiter Homer
ab 30 v. Chr.	P. Vergilius Maro verfaßt mit seiner Äneis das Nationalepos der Römer
3./4. Jh. n. Chr.	Quintus Smyrnaeus, Verfasser des Epos «Posthomerica» (14 Bücher), das die Ereignisse zwischen *Ilias* und *Odyssee* zum Inhalt hat

Zeugnisse

Alles haben den Göttern Homer und Hesiod angehängt,
was nur bei Menschen Schimpf und Tadel ist:
Stehlen, Ehebrechen und einander Betrügen.

Xenophanes aus Kolophon (ca. 570–460 v. Chr.), fr. 10–11 Diels–Kranz

«Wenn du also, mein Glaukon, Lobrednern des Homer begegnest, die sagen, dieser Dichter sei der Erzieher Griechenlands gewesen, er sei es wert, in allen Angelegenheiten menschlicher Erziehung und Lebensgestaltung als Lehrer zur Hand genommen zu werden, nach diesem Dichter müsse man sein ganzes Leben einrichten – dann mußt du diesen Leuten zwar freundlich begegnen, weil sie ja die Besten sein wollen, und ihnen Homer als den größten Dichter und ersten der Tragödienschreiber zugestehen; aber du mußt auch wissen, daß von allen Dichtungen allein die Hymnen auf Götter und die Loblieder auf gute Menschen in unseren Staat aufgenommen werden.»

Platon, Der Staat X 606 e–607 a (ca. 374 v. Chr.)

Als Candide einen prachtvoll gebundenen Homer erblickte, rühmte er den guten Geschmack des erlauchten Gastgebers. «An diesem Buch hatte der große Pangloß, Deutschlands berühmtester Philosoph, seine helle Freude», rief Candide. «Ich nicht», sagte Pococurante kühl. «Früher redete man mir ein, daß es eine Freude wäre, dieses Buch zu lesen. Aber diese ewig wiederkehrenden Kämpfe, die alle gleich sind, diese Götter, die bei all ihrer Geschäftigkeit doch nichts Entscheidendes tun, diese Helena, die zwar die Ursache des Krieges ist, aber kaum eine Rolle im Verlauf der weiteren Ereignisse spielt, und dieses Troja, das fortwährend belagert, aber nie eingenommen wird – all das langweilt mich tödlich. Ich habe schon mehrmals Gelehrte gefragt, ob sie sich bei dieser Lektüre ebenso langweilen wie ich. Und so weit sie aufrichtig waren, haben sie zugegeben, daß sie über dem Buch jedesmal eingeschlafen wären, daß man es aber – als ein Denkmal des Altertums – in seiner Bibliothek haben müsse, ebenso wie man verrostete Münzen, die nicht mehr in Umlauf sind, aufbewahrt.»

Voltaire, Candide cap. 25 (1758)

Als Sinnbild alles Griechischen gilt mit Recht Homer. In Homer erreicht das plastische Genie der Griechen gleich am Anfang ihrer Geschichte seinen höchsten Gipfel. Homer ist Plastiker und nichts als das; in seiner marmornen Pracht und Kälte, seinen wenigen, aber sehr glänzenden Grundfarben, seiner Komposition, die zumeist nur Einzelfiguren kennt und sie, wo sie Gruppen bilden, linear und symmetrisch anordnet: in Giebeln, Streifen und Stockwerken und sogar in seinen Gleichnissen, die als stehende Embleme und regelmäßige Verzierungen das Relief rahmen und begleiten... Homers Helden sind von einer natürlichen Überlebensgröße. Ihre unwahrscheinliche Körperkraft und Schnellfüßigkeit macht sie nicht zu Fabelwesen und ihr monströser Appetit nach Ruhm und Rache, Blut und Braten verleiht ihnen nichts Pathologisches.

Egon Friedell, Kulturgeschichte Griechenlands. 1938

Vielen gefällt Homerus, von wenigen aber wird seine Schönheit eigentlich ganz gefaßt. So wie viele Reisende in weiter Ferne suchen, was sie in ihrer Heimat ebensogut und näher finden könnten: so bewundert man im Homer nicht selten allein das, worin der erste der beste nordische oder südliche Barbar, wofern er nur ein großer Dichter ist, ihm gleichkommt. Worin er einzig ist, das wird selten bemerkt, gewöhnlich ganz außer Acht gelassen. Die treue Wahrheit, die ursprüngliche Kraft, die einfache Anmut, die reizende Natürlichkeit sind Vorzüge, welche der griechische Barde vielleicht mit einem oder dem andern seiner indischen oder keltischen Brüder teilt. Es gibt aber andre charakteristische Züge der Homerischen Poesie, welche dem Griechen allein eigen sind. Ein solcher Zug ist die Vollständigkeit seiner Ansicht der ganzen menschlichen Natur, welche im glücklichsten Ebenmaß, im vollkommnen Gleichgewicht von der einseitigen Beschränkung einer abweichenden Anlage, und von der Verkehrtheit künstlicher Mißbildung so weit entfernt ist ... In den Sitten seiner Helden sind Kraft und Anmut im Gleichgewicht. Sie sind stark, aber nicht roh, milde, ohne schlaff zu sein, und geistreich ohne Kälte.

Friedrich Schlegel, Über das Studium der griechischen Poesie. 1797

In dem Gedanken vom Zorn und dem Gedanken von der Heimkehr hat Homer am Beginn des Griechentums, der auch der Beginn unserer europäischen Kultur ist, zwei herrliche Dichtwerke errichtet und durch sie bis auf uns herab die Dichtung eigentlich gestiftet. Aber nicht lediglich Dichtung war damit gestiftet. Mit dieser Stiftung der Dichtung waren auch die Grundzüge alles Menschentums gegeben, das wir trotz manchen wesentlichen neueren Einschlägen auch heute noch als verpflichtend anerkennen.

Wolfgang Schadewaldt, Die homerische Frage gestern und heute. 1955

Ist Achilles möglich mit Pulver und Blei? Oder überhaupt die Iliade mit der Druckerpresse, und gar Druckmaschine? Hört das Singen und Sagen und die Muse mit dem Preßbengel nicht notwendig auf, also verschwinden nicht notwendige Bedingungen der epischen Poesie? Aber die Schwierigkeit liegt nicht darin zu verstehen, daß griechische Kunst und Epos an gewisse gesellschaftliche Entwicklungsformen geknüpft sind. Die Schwierigkeit ist, daß sie uns noch Kunstgenuß gewähren und in gewisser Beziehung als Norm und unerreichbare Muster gelten.

Karl Marx, Grundrisse der Kritik der Politischen Ökonomie. 1857/58

Bibliographie

Eine umfassende Homer-Bibliographie zu erstellen ist unmöglich, und jede Auswahl ist notgedrungen beschränkt und subjektiv. Dazu kommt, daß ein so zentrales Thema der Altertumswissenschaft wie Homer von unzähligen Seiten und Forschungsrichtungen her beleuchtet wird, was in einer unermeßlichen Flut von Publikationen seinen Niederschlag findet. Um ein gewisses Maß an Übersicht zu gewährleisten, ist die folgende Bibliographie thematisch in große Gruppen gegliedert. Aufgenommen wurden außer besonders wichtigen älteren Werken, deren Kenntnis für eine vertiefte Beschäftigung mit Homer unerläßlich ist, im wesentlichen Arbeiten, die nach 1970 erschienen sind, da bis zu diesem Zeitpunkt die Bibliographie des jüngsten umfassenden Forschungsberichtes geführt ist, das 1500 Titel zählende, alphabetisch angeordnete Verzeichnis bei A. HEUBECK, Die homerische Frage (Darmstadt 1974).

An bibliographischen Hilfsmitteln zu Homer stehen zur Verfügung:

Literaturberichte (mit kurzer Inhaltsangabe wichtiger Veröffentlichungen):

D. MÜLDER, Bursians Jahresberichte 157 (1912) 170–325; 182 (1920) 1–164; 207 (1926) 1–90 und 171–255; 239 (1933) 1–157, fortgesetzt von H. J. METTE in der Zeitschrift Lustrum 1 (1956–1957) 7–86 und 319–320; 2 (1957–1958) 294–297; 4 (1959–1960) 309–316; 5 (1960–1961) 649–656; 11 (1966–1967) 33–69; 15 (1970–1972) 99–122.

Dazu kommen die Forschungsberichte von A. LESKY (mit Nachzeichnung der Gedankenführung wichtiger Arbeiten) im Anzeiger für die Altertumswissenschaft 4 (1951) 65–80 (Bericht I); 4 (1951) 195–212 (II); 5 (1952) 1–24 (III; I–III zusammengefaßt unter dem Titel Die Homerforschung in der Gegenwart, Wien 1952); ferner 6 (1953) 129–150; 8 (1955) 129–156; 12 (1959) 129–146; 13 (1960) 1–22; 17 (1964) 129–154; 18 (1965) 1–30; fortgesetzt von E. DÖNT, 21 (1968) 129–144; 23 (1970) 129–148; 25 (1972) 163–182 und 257–268, sowie O. PANAGL – ST. HILLER, 29 (1976) 1–70 und G. PASOREK, 30 (1977) 1–14. Kürzere Zusammenstellungen für bestimmte Zeiträume finden sich bei M. PLATNAUER, Fifty Years of Classical Scholarship (Oxford [2]1968), F. M. COMBELLACK, Contemporary Homeric Scholarship. Classical Weekly 49 (1955) 29–44 und M. M. WILLCOCK, The Present State of Homeric Studies. Didaskalos 2 (1967) 59–69.

Über Neuerscheinungen orientiert ab 1924 jährlich L'Année philologique. Bibliographie critique et analytique de l'antiquité gréco-latine, ed. J. MAROUZEAU – J. ERNST u. a. (1: Paris 1928), zuletzt 46 (1977) für das Jahr 1975, sowie vierteljährlich die Bibliographische Beilage der Rezensionszeitschrift Gnomon, zuletzt 3, Bd. 49, 5 (1977). Die Literatur der Jahre vor 1924 ist verzeichnet in den Homer-Abschnitten bei W. ENGELMANN – E. PREUSS, Bibliotheca Scriptorum Classicorum I: Scriptores Graeci (Leipzig [8]1880/Hildesheim 1959) für 1700–1878, sowie R. KLUSSMANN, Bibliotheca Scriptorum Classicorum et Graecorum et Latinorum I: Scriptores Graeci (Leipzig 1909–1911/Hildesheim 1961) für 1878–1896, ferner bei S. LAMBRINO, Bibliographie de l'antiquité classique (Paris 1951) für 1896–1914 und J. MAROUZEAU, Dix années de Bibliographie Classique (Paris 1927) für die Jahre 1914–1924.

Die umfassendste bisher erschienene Homer-Bibliographie mit insgesamt 3840 Titeln wurde mit Hilfe der elektronischen Datenverarbeitung auf der Basis der jährlichen Listen bei MAROUZEAU zusammengestellt und enthält folglich nur Arbeiten, die dort angeführt sind:

D. W. PACKARD – T. MEYERS, A Bibliography of Homeric Scholarship: Preliminary Edition 1930–1970 (Malibu, California 1974).

Von Spezialbibliographien zu einzelnen Themenkreisen seien aus jüngster Zeit genannt:

A. H. M. KERKHOFF, La médicine dans Homère. Une bibliographie. Janus 62 (1975) 43–49 und J. LATACZ, Zur Forschungsarbeit an den direkten Reden bei Homer (1850–1970). Ein kritischer Literaturüberblick. Grazer Beiträge 3 (1975) 395–423.

Einen ausgezeichneten ersten Überblick über alle die homerischen Gedichte betreffenden Fragen bietet das unentbehrliche Sammelwerk

A. J. B. WACE – F. H. STUBBINGS (Hg.), A Companion to Homer (London 1962).

Zur weiteren Orientierung in mythologischen und literaturgeschichtlichen Fragen sei verwiesen auf H. HUNGER, Lexikon der griechischen und römischen Mythologie (Wien [7]1977), auch erschienen als rororo-Handbuch 6178 (1974), sowie auf das handliche Tusculum -Lexikon griechischer und lateinischer Autoren des Altertums und des Mittelalters bearb. von W. BUCHWALD, A. HOHLWEG und O. PRINZ (München 1963), rororo-Handbuch 6181 (1974).

1. Ausgaben, Text und Übersetzung, Scholien, Lexika

Homeri Opera recognoverunt brevique adnotatione critica instruxerunt D. B. MONRO – TH. W. ALLEN, 5 Bde. (Oxford 1902–1912, seither mehrfach nachgedruckt): I–II Ilias; III–IV Odyssee; V Parerga (Hymnen, Fragmente, Batrachomyomachie, Margites, Reste der kyklischen Epen)

Homerus. Ilias. Hg. und erklärt von K. F. AMEIS – C. HENTZE – P. CAUER, 2 Bde. in je 4 Heften (Leipzig [4–7]1905–1922, seither mehrfach nachgedruckt)

Homerus. Odyssee. Hg. und erklärt von K. F. AMEIS – C. HENTZE – P. CAUER, 2 Bde. in je 2 Heften (Leipzig [9–13]1905–1922, seither mehrfach nachgedruckt)

Homerus. The Iliad ed. W. LEAF, 2 Bde. (London [2]1900–1902 [[1]1886]/Nachdruck 1960. 1971)

Homeri Odyssea recognovit P. VON DER MÜHLL (= Editiones Helveticae, Series Graeca 4, Basel 1946/[3]1962)

Homer, Ilias. Übersetzt von J. H. Voss. Text der ersten Ausgabe (Stuttgart 1968)

Homer, Ilias und Odyssee. Vollständige Ausgabe, in der Übertragung von J. H. Voss, nach dem Text der Erstausgaben von 1781 und 1793, mit einem Nachwort von W.-H. Friedrich (München 1971)

Homer, Ilias. Deutsch von F. L. GRAF ZU STOLBERG (Erstausgabe 1823). Vorwort von E. Peterich (München 1960)

Homer, Ilias und Odyssee, übersetzt von R. A. SCHRÖDER (= Gesammelte Werke 4, Frankfurt a. M. 1952)

Homer, Ilias. Übertragen von H. RUPÉ (Tusculum-Bücherei, München [5]1974)

Homer, Ilias. Prosaübersetzung von E. G. SCHEIBNER, 2 Bde. (Berlin–Weimar 1972)

Homer, Ilias. Neue Übertragung von W. SCHADEWALDT (Frankfurt a. M. 1975); auch erschienen als Insel Taschenbuch 153 (1975)

The Odyssey of Homer ed. W. B. STANFORD, 2 Bde. (London [2]1959/1965)

Homer, Odyssee. Übersetzt von J. H. Voss. Text der ersten Ausgabe (Stuttgart 1970)

Homer, Odyssee. Text und Übersetzung (ED. SCHWARTZ – J. H. VOSS – E. R. WEISS), besorgt und mit einem Nachwort versehen von B. Snell (Darmstadt 1956/1966)

Homer, Odyssee. Übertr. von A. WEIHER (Tusculum-Bücherei, München ^{4}1974)
Homer. Die Odyssee, übersetzt in deutsche Prosa von W. SCHADEWALDT (= Rowohlts Klassiker, Griechische Literatur 2. Hamburg 1958 [seither mehrfach aufgelegt]; erschienen auch in der Artemis-Bibliothek, Zürich–Stuttgart 1966)
Die Odyssee. Homers Epos in Bildern erzählt. Mit Beiträgen von M. Gall, K. Kerényi, H. Sichtermann, Auszügen aus H. Schliemanns «Ithaka, der Peloponnes und Troja» und einem Register von C. Kerényi (Freiburg i. B. ^{5}1972)
The Odyssey of Homer. Translated by T. E. Shaw (Lawrence of Arabia) (Oxford 1935/1965)
The Homeric Hymns ed. T. W. ALLEN – W. R. HALLIDAY – E. E. SIKES (Oxford ^{2}1936/Amsterdam 1963)
Homerische Hymnen, griechisch und deutsch ed. A. WEIHER (Tusculum-Bücherei, München ^{3}1970)
Pseudo-Homer, Der Froschmäusekrieg. Theodoros Prodromos, Der Katzenmäusekrieg, griechisch und deutsch ed. H. AHLBORN (= Schriften und Quellen der Alten Welt 22, Berlin 1968)
Scholia Graeca in Homeri Iliadem (Scholia vetera) recensuit H. ERBSE, 5 Bde. (Berlin 1969–1977)
Lexicon Homericum ed. H. EBELING, 2 Bde. (Leipzig 1880–1885)
A. GOEBEL, Lexilogus zu Homer und den Homeriden, 2 Bde. (Berlin 1878–1880/ Amsterdam 1967)
G. L. PRENDERGAST, A Complete Concordance to the Iliad of Homer (London 1875; verb. u. erg. Nachdruck ed. B. MARZULLO, Darmstadt 1962)
H. DUNBAR, A Complete Concordance to the Odyssey and Hymns of Homer (London 1880; verb. u. erg. Nachdruck ed. B. MARZULLO, Darmstadt 1962)
J. R. TEBBEN, Homer-Konkordanz. A Computer Concordance to the Homeric Hymns (= Alpha-Omega A 35, Hildesheim – New York 1977)
R. J. CUNLIFFE, A Lexicon of the Homeric Dialect (Oklahoma ^{2}1963)

2. Allgemeine und einführende Literatur

F. R. ADRADOS–M. F. GALIANO–L. GIL–J. S. LASSO DE LA VEGA, Introducción a Homero (Madrid 1963)
T. W. ALLEN, Homer. The Origins and the Transmission (Oxford 1924/1969)
E. BETHE, Homerphilologie heute und künftig. Hermes 70 (1935) 46–58
E. BICKEL, Homer. Die Lösung der homerischen Frage (Bonn 1949)
C. M. BOWRA, Homer (= Classical Life and Letters, London 1972)
F. CODINO, Einführung in Homer (Berlin 1970)
La questione omerica (Rom 1976)
G. F. ELSE, Homer and the Homeric Problem (= Univ. of Cincinnati, Classical Studies 1: Lectures in Memory of Louise Taft Semple, Ser. I 1961–1965, Princeton 1967) 315–365
H. FRÄNKEL, Homer. Dichtung und Philosophie des frühen Griechentums (München ^{3}1969) 6–103
A. HEUBECK, Die homerische Frage. Ein Bericht über die Forschung der letzten Jahrzehnte (= Erträge der Forschung 27, Darmstadt 1974)
A. LESKY, Homeros. Realencyclopädie der class. Altertumswiss. Suppl. 11 (1968) 687–846 (als Sonderausgabe ersch. Stuttgart 1967)
Geschichte der griechischen Literatur (Bern–München ^{3}1971) 29–112 (Das homerische Epos)
B. MARZULLO, Il problema omerico (Florenz ^{2}1970)
H. A. MASON, To Homer through Pope: An Introduction to Homer's Iliad and Pope's Translation (New York 1972)
W. J. VERDENIUS, Homer, the Educator of the Greeks (= Mededelingen Nederl. Akad. van Wetenschapen, Afd. Lett., N. R. 33/5, Amsterdam 1970)

3. Umfassende Untersuchungen und Interpretationen

W. Arend, Die typischen Szenen bei Homer (= Problemata 7, Berlin 1933)

H. Bannert, Szenenresponsion und dichterisches Gestalten im homerischen Epos. Wien. Stud. 13 (1979)

Ch. Barck, Menelaos bei Homer. Wien. Stud. 5 (1971) 5–28

Wort und Tat bei Homer (= Spudasmata 34, Hildesheim 1976)

E. Bethe, Homer, Dichtung und Sage. I: Ilias (Leipzig 1914); II: Odyssee, Kyklos, Zeitbestimmung (Leipzig ²1929; S. 149–297: Der Troische Epenkreis [= Libelli 157, Darmstadt 1966]); III: Die Sage vom Troischen Krieg (Leipzig 1927)

Ch. R. Beye, Male and Female in the Homeric Poems. Ramus 3 (1974) 87–101

C. M. Bowra, Homer and his Forerunners (Edinburgh 1955)

Heldendichtung. Eine vergleichende Phänomenologie der heroischen Poesie aller Völker und Zeiten (Stuttgart 1964)

D. Bremer, Licht und Dunkel in der frühgriechischen Dichtung. Interpretationen zur Vorgeschichte der Lichtmetaphysik (= Archiv für Begriffsgeschichte, Suppl. 1, Bonn 1976)

S. Byl, Lamentations sur la vieillesse chez Homère et les poètes lyriques des VIIᵉ et VIᵉ siècles. Les études class. 44 (1976) 234–244

P. Cauer, Grundfragen der Homerkritik (Leipzig ³1923/1971)

A. Clausing Kritik und Exegese der homerischen Gleichnisse im Altertum (Diss. Freiburg i. B. 1913/Parchim 1913)

M. Coffey, The Function of the Homeric Similes. American Journal of Philology 78 (1957) 113–132

J. Cuillandre, La droite et la gauche dans les poèmes homériques (Rennes 1944)

A. Dihle, Homer-Probleme (= Wiss. Abh. d. Arbeitsgemeinsch. f. Forschung d. Landes Nordrhein-Westfalen 41, Opladen 1970)

R. Dyer, The Coming of Night in Homer. Glotta 52 (1974) 30–36

W. Elliger, Die Darstellung der Landschaft in der griechischen Dichtung (= Untersuchungen zur antiken Literatur und Geschichte 15, Berlin 1975)

G. Finsler, Homer I: Der Dichter und seine Welt. 1. Vorfragen. Homerkritik (mit Ergänzungen von E. Tièche) (Berlin ³1924); 2. Die homerische Welt. Die homerische Poesie (³1924); II: Inhalt und Aufbau der Gedichte (²1918)

H. Fränkel, Die homerischen Gleichnisse (Göttingen 1921; ²1977, mit Nachwort und Lit.-Verz. von E. Heitsch)

R. Friedrich, Stilwandel im homerischen Epos. Studien zur Poetik und Theorie der epischen Gattung (Heidelberg 1975)

M. Fuhrmann, F. A. Wolf, der «Vater der Homeranalyse». Deutsche Vierteljahresschrift f. Literaturwiss. 33 (1959) 187–236

D. M. Gaunt, Judgement and Atmosphere in Epic. Ramus 5 (1976) 59–75

B. Hellwig, Raum und Zeit im homerischen Epos (= Spudasmata 2, Hildesheim 1964)

H. Homeyer, Die spartanische Helena und der Trojanische Krieg. Wandlungen und Wanderungen eines Sagenkreises vom Altertum bis zur Gegenwart (= Palingenesia 12, Wiesbaden 1977)

J. Hundt, Der Traumglaube bei Homer (= Greifswalder Beiträge 9, Greifswald 1935)

G. Jachmann, Homerische Einzellieder. Symbola Coloniensia J. Kroll oblata (Köln 1949) 1–70 (Nachdruck Darmstadt 1968)

F. Jacoby, Homerisches I: Der Bios und die Person. Hermes 68 (1933) 1–50 = Kleine philologische Schriften I (Berlin 1961) 1–53

J. Th. Kakridis, Homeric Researches (Lund 1947)

Dichterische Gestalten und wirkliche Menschen bei Homer. Das Altertum und jedes neue Gute, Festschrift für W. Schadewaldt (Stuttgart 1970) 51–64

Homer Revisited (Lund 1971)

G. S. KIRK, The Songs of Homer (Cambridge 1962)
G. S. KIRK (Hg.), The Language and Background of Homer. Some Recent Studies and Controversies (Cambridge 1964)
A. KÖHNKEN, Die Narbe des Odysseus. Ein Beitrag zur homerisch-epischen Erzähltechnik. Antike und Abendland 22 (1976) 101–114
S. KOSTER, Antike Epostheorien (= Palingenesia 5, Wiesbaden 1970)
F. KRAFFT, Vergleichende Untersuchungen zu Homer und Hesiod (= Hypomnemata 6, Göttingen 1964)
T. KRISCHER, Formale Konventionen der homerischen Epik (= Zetemata 56, München 1971)
Eine Eigenheit homerischer Darstellung. Lessings Beobachtungen und ihre Deutung. Antike und Abendland 23 (1977) 77–95
W. KÜHN, Rüstungsszenen bei Homer und Vergil. Gymnasium 64 (1957) 28–59
J. LATACZ (Hg.), Homer – Tradition und Neuerung (= Wege der Forschung 463, Darmstadt 1978)
D. J. N. LEE, The Similes of the Iliad and the Odyssee Compared (Sydney 1964)
A. LESKY, Aia (1948). Gesammelte Schriften (Bern–München 1966) 26–62
Hethitische Texte und griechischer Mythos (1950). Gesammelte Schriften 356–371
C. MOULTON, Similes in the Homeric Poems (= Hypomnemata 49, Göttingen 1977)
M. MÜHL, Über die Schiffspersonifizierung bei Homer und Horaz. Antike und Abendland 19 (1973) 101–106
H. PARASKEVIADES, The Use of Synonyms in the Homeric Formulaic Diction (Stuttgart 1975)
H. PATZER, Dichterische Kunst und poetisches Handwerk im homerischen Epos (= Sitzungsber. d. wiss. Ges. an der Joh. Wolfg. Goethe-Universität, Frankfurt a. M. 10/1, 1971, Wiesbaden 1972)
G. PETERSMANN, Die Entscheidungsmonologe in den homerischen Epen. Grazer Beiträge 2 (1974) 147–169
H. RAHN, Tier und Mensch in der homerischen Auffassung der Wirklichkeit. Paideuma 5 (1953–1954) 277–297 und 431–480 (Nachdruck Darmstadt 1968)
K. REINHARDT, Das Parisurteil (1938). Tradition und Geist. Gesammelte Essays zur Dichtung ed. C. BECKER (Göttingen 1960) 16–36
Tradition und Geist im homerischen Epos (1951), ebd. 5–15
J. DE ROMILLY, La haine et l'inimité dans Homère. Mélanges G. F. Else (1977) 1–10
J. RUSSO, How, and What, Does Homer Communicate? The Medium and Message of Homeric Verse. Classical Journal 71 (1976) 289–299
W. SCHADEWALDT, Von Homers Welt und Werk (Stuttgart ^{4}1965)
R. VON SCHELIHA, Patroklos. Gedanken über Homers Dichtung und Gestalten (Basel 1943)
M. SCHMIDT, Die Erklärungen zum Weltbild Homers und zur Kultur der Heroenzeit in den bT-Scholien zur Ilias (= Zetemata 62, München 1976)
H. SCHWABL, Zur Selbständigkeit des Menschen bei Homer. Wien. Stud. 67 (1954) 46–64
A. SEVERYNS, Homère. I: Le cadre historique (Brüssel ^{2}1944); II: Le poète et son œuvre (^{2}1946); III: L'artiste (1948)
R. S. SHANNON III, The Arms of Achilles and Homeric Compositional Technique (= Mnemosyne Suppl. 36, Leiden 1975)
B. SNELL, Die Entdeckung des Geistes (Göttingen ^{4}1975)
W. THEILER, Ilias und Odyssee in der Verflechtung ihres Entstehens. Mus. Helv. 19 (1962) 1–27 = Untersuchungen zur antiken Literatur (Berlin 1970) 91–123
M. TREU, Von Homer zur Lyrik (= Zetemata 12, München ^{2}1968)
M. VAN DER VALK, The Formulaic Character of the Homeric Poetry and the

Relation between the Iliad and the Odyssee. L'antiquité classique 35 (1966) 5–70
P. Vivante, The Homeric Imagination. A Study of Homer's Poetic Perception of Reality (Bloomington–London 1970)
On Poetry and Language in Homer. Ramus 2 (1973) 143–162
O. Vox, Epigrammi in Omero. Belfagor 30 (1975) 67–70
C. H. Whitman, Homer and the Heroic Tradition (Cambridge, Mass. 1958)
J. Wöhrmann, Die homerische Frage in ihrer Bedeutung für die Homerinterpretation. Der altsprachliche Unterricht 8/3 (1965) 5–14
F. A. Wolf, Prolegomena ad Homerum sive de operum Homericorum prisca et genuina forma variisque mutationibus et probabili ratione emendandi (Berlin 1795; [2]1884/Nachdruck 1963)

4. Ilias

C. M. Bowra, Tradition and Design in the Iliad (Oxford 1930/[5]1968)
W. Burkert, Das hunderttorige Theben und die Datierung der Ilias. Wien. Stud. 10 (1976) 5–21
O. C. Cramer, Odysseus in the Iliad (Diss. Austin, Texas 1973)
Speech and Silence in the Iliad. Class. Journal 71 (1976) 300–304
K. Deichgräber, Der letzte Gesang der Ilias (= Abh. d. Akad. d. Wissensch. Mainz 1972/5, Wiesbaden 1972)
E. Delebecque, Le cheval dans l'Iliade (=Études et Comm. 9, Paris 1951)
J. Ebert, Die Gestalt des Thersites in der Ilias. Philologus 113 (1969) 159–175
F. Eichhorn, Die Dolonie (Garmisch-Partenkirchen 1973)
J. D. Ellsworth, Agȭn neôn: An Unrecognized Metaphor in the Iliad. Class. Philology 69 (1974) 258–264
O. Erdel, Die Reden in Homers Ilias (Diss. Heidelberg 1939)
B. Fenik, Typical Battle Scenes in the Iliad (= Hermes Einzelschriften 21, Wiesbaden 1968)
W.-H. Friedrich, Verwundung und Tod in der Ilias (= Abh. d. Akad. d. Wissensch. in Göttingen, phil.-hist. Kl. 3/38, Göttingen 1956)
H. A. Gärtner, Beobachtungen zum Schild des Achilleus. Studien zum antiken Epos (= Beiträge zur Klassischen Philologie 72, Meisenheim am Glan 1976) 46–65
J. Geffcken, Der Rhesos. Hermes 71 (1936) 394–408
A. Giovannini, Étude historique sur l'origine du catalogue des vaisseaux (= Schriften hg. unter dem Patronat der Schweizerischen Geisteswissenschaftlichen Gesellschaft 9, Bern 1969)
H. Herter, Der weinende Astyanax. Grazer Beiträge 1 (1973) 157–164
R. Hope Simpson – J. F. Lazenby, The Catalogue of the Ships in Homer's Iliad (Oxford 1970)
E. Howald, Der Dichter der Ilias (Erlenbach–Zürich 1946)
G. Jachmann, Der homerische Schiffskatalog und die Ilias (= Wiss. Abh. der Arbeitsgemeinsch. f. Forschung d. Landes Nordrhein-Westfalen 5, Köln–Opladen 1958)
J. Th. Kakridis, Poseidons Wunderfahrt (zu Ilias N 10–38). Antidosis, Festschrift für W. Kraus (= Wien. Stud. Beiheft 5, Wien 1972) 188–197
A. Köhnken, Die Rolle des Phoenix und die Duale im I der Ilias. Glotta 53 (1975) 25–36
W. Kraus, Meleagros in der Ilias. Wien. Stud. 63 (1948) 8–21
W. Kullmann, Die Quellen der Ilias (Troischer Sagenkreis) (= Hermes Einzelschriften 14, Wiesbaden 1960)
J. Latacz, Kampfparänese, Kampfdarstellung und Kampfwirklichkeit in der Ilias, bei Kallinos und Tyrtaios (= Zetemata 66, München 1977)

D. LOHMANN, Die Komposition der Reden in der Ilias (= Untersuchungen zur antiken Literatur und Geschichte 6, Berlin 1970)
M. MAFTEI, Antike Diskussionen über die Episode von Glaukos und Diomedes im VI. Buch der Ilias (= Beiträge zur Klassischen Philologie 74, Meisenheim am Glan 1976)
W. MARG, Homer über die Dichtung: Der Schild des Achilleus (= Orbis Antiquus 11, Münster/Westfalen ^{2}1971)
Kampf und Tod in der Ilias. Die Antike 18 (1942) 167–179; Neufassung: Würzburger Jahrbücher N. F. 2 (1976) 7–19
P. MAZON – P. CHANTRAINE – P. COLLART – R. LANGUMIER, Introduction à l'Iliade (Paris ^{2}1948)
H. J. METTE, Der Pfeilschuß des Pandaros. Neue Untersuchungen zur «homerischen» Ilias (Halle/Saale 1951)
CH. MICHEL, Erläuterungen zum N der Ilias (Heidelberg 1971)
C. MOULTON, Similes in the Iliad. Hermes 102 (1974) 381–397
D. MÜLDER, Die Ilias und ihre Quellen (Berlin 1910)
W. R. NETHERCUT, The Epic Journey of Achilles. Ramus 5 (1976) 1–17
W. NICOLAI, Kleine und große Darstellungseinheiten in der Ilias (Heidelberg 1973)
A. PARRY, Have We Homer's Iliad? Yale Classical Studies 20 (1966) 177–216
G. PETERSMANN, Die monologische Totenklage in der Ilias. Rhein. Mus. 116 (1973) 3–16
J. M. REDFIELD, Nature and Culture in the Iliad: The Tragedy of Hector (Chicago 1975)
K. REINHARDT, Die Ilias und ihr Dichter, ed. U. HÖLSCHER (Göttingen 1961)
W. SCHADEWALDT, Iliasstudien (= Abh. d. Akad. d. Wiss. Leipzig 43/6, Leipzig 1938/Darmstadt ^{3}1966)
Der Aufbau der Ilias. Strukturen und Konzeptionen (Frankfurt a. M. 1975)
J. SCHRÖDER, Ilias und Apollonhymnus (= Beiträge zur Klassischen Philologie 59, Meisenheim am Glan 1975)
R. A. SCHRÖDER, Die Komposition der Ilias. Gedanken zur Homerfrage. Europäische Revue 13 (1937) 708–723 und 795–807 = Gesammelte Werke 2 (Frankfurt a. M. 1952) 83–96
H. SCHWABL, Die troischen Wachtfeuer. Festschrift K. Vretska (Heidelberg 1970) 195–203
Zeus nickt (zu Ilias 1, 524–530 und seiner Nachwirkung). Wien. Stud. 10 (1976) 22–30
CH. SEGAL, The Theme of the Mutilation of the Corpse in the Iliad (= Mnemosyne Suppl. 17, Leiden 1971)
Andromache's Anagnorisis: Formulaic Artistry in Iliad 22, 437–476. Harvard Studies in Class. Philology 75 (1971) 33–57
G. STRASBURGER, Die kleinen Kämpfer der Ilias (Diss. Frankfurt a. M. 1952)
W. THEILER, Die Dichter der Ilias. Festschrift für E. Tièche (Bern 1947) 125–167 = Untersuchungen zur antiken Literatur (Berlin 1970) 11–47
Noch einmal die Dichter der Ilias. Thesaurismata. Festschrift für I. Kapp (München 1954) 113–146 = ebd. 48–65
H. VAN THIEL, Konkurrierende Varianten in der Ilias. Mus. Helv. 34 (1977) 82–98
O. TSAGARAKIS, Phoenix and the Achaean Embassy. Rhein. Mus. 116 (1973) 193–205
Pylaimenes' Tod und Auferstehung. Ein Widerspruch in der Ilias? Hermes 104 (1976) 1–12
P. VON DER MÜHLL, Der große Aias (Basel 1930) = Ausgewählte kleine Schriften (= Schweizerische Beiträge zur Altertumswiss. 12, Basel 1975) 435–472
Kritisches Hypomnema zur Ilias (= Schweizerische Beiträge zur Altertumswiss. 4, Basel 1952)
U. VON WILAMOWITZ-MOELLENDORFF, Die Ilias und Homer (Berlin 1916)

A. R. AMORY, The Gates of Horn and Ivory. Yale Classical Studies 20 (1966) 3–57
Ø. ANDERSEN, Der Untergang der Gefährten in der Odyssee. Symbola Osloensia 49 (1973) 7–27
Odysseus and the Wooden Horse. Symbola Osloensia 52 (1977) 5–18
N. AUSTIN, Archery at the Dark of the Moon. Poetic Problems in Homer's Odyssee (Berkeley 1975)
V. BÉRARD, Introduction à l'Odyssée (Paris 1924–1925)
TH. BERRES, Das zeitliche Verhältnis von Theogonie und Odyssee. Ein verborgenes Selbstporträt des Odysseedichters. Hermes 103 (1975) 129–143
Die Segnungen der Gerechtigkeit. Eine chronologische Studie zu Odyssee und Hesiods Erga. Hermes 103 (1975) 257–275
S. BESSLICH, Schweigen – Verschweigen – Übergehen. Die Darstellung des Unausgesprochenen in der Odyssee (Heidelberg 1966)
G. BLÜMLEIN, Die Trugreden des Odysseus (Diss. Frankfurt a. M. 1971)
E. M. BRADLEY, «The Greatness of his Nature»: Fire and Justice in the Odyssee. Ramus 5 (1976) 137–148
F. M. COMBELLACK, Odysseus and Anticleia. Classical Philology 69 (1974) 121–123
J. DINGEL, Der 24. Gesang der Odyssee und die Elektra des Euripides. Rhein. Mus. 112 (1969) 103–109
M. DYSON, The Second Assembly of the Gods in the Odyssee. Antichthon 4 (1970) 1–12
F. EICHHORN, Homers Odyssee. Ein Führer durch die Dichtung (Göttingen 1965)
Die Telemachie mit Ausblicken auf die folgende Handlung bis zur Vereinigung von Vater und Sohn (Garmisch-Partenkirchen 1973)
H. EISENBERGER, Studien zur Odyssee (= Palingenesia 7, Wiesbaden 1973)
H. ERBSE, Beiträge zum Verständnis der Odyssee (= Untersuchungen zur antiken Literatur und Geschichte 13, Berlin 1972)
B. FENIK, Studies in the Odyssee (= Hermes Einzelschriften 30, Wiesbaden 1974)
F. FOCKE, Die Odyssee (= Tübinger Beiträge 37, Stuttgart 1943)
R. M. FRAZER, Eurymachus' Question at Odyssee 1, 409. Classical Philology 68 (1973) 259–267
K. A. GARBRAH, The Scholia on the Ending of the Odyssey. Würzb. Jahrb. N. F. 3 (1977) 7–16
G. GERMAIN, Essai sur les origines de certains thèmes odysséens et sur la genèse de l'Odyssée (Paris 1954)
A. HARTMANN, Untersuchungen über die Sagen vom Tod des Odysseus (München 1917)
A. HEUBECK, Der Odyssee-Dichter und die Ilias (Erlangen 1954)
Odyssee 12, 220: Ein sachliches und textkritisches Problem. Wien. Stud. 10 (1976) 31–35
U. HÖLSCHER, Untersuchungen zur Form der Odyssee (= Hermes Einzelschriften 6, Wiesbaden 1939)
G. W. HOUSTON, Thrónos, díphros, and Odysseus' Change from Beggar to Avenger. Classical Philology 70 (1975) 212–214
H. KILB, Strukturen epischen Gestaltens im 7. und 23. Gesang der Odyssee (Diss. Frankfurt a. M. 1971/München 1973)
A. KIRCHHOFF, Die Homerische Odyssee und ihre Entstehung (Berlin 1859/^{2}1879)
W. KREHMER, Zur Begegnung zwischen Odysseus und Athene (Od. 13, 187–440) (Diss. Erlangen–Nürnberg 1973)
W. MARG, Zur Eigenart der Odyssee. Antike und Abendland 18 (1973) 1–14
D. N. MARONITIS, Anazētēsē kaì nóstos toû Odysséa. Hē dialektikḕ tês Odysseías (Athen 1973)

W. Mattes, Odysseus bei den Phaiaken (Würzburg 1958)
R. Merkelbach, Untersuchungen zur Odyssee (= Zetemata 2, München ^{2}1969)
K. Meuli, Odyssee und Argonautika (Berlin 1921)
M. Müller, Athene als göttliche Helferin in der Odyssee (Heidelberg 1968)
D. L. Page, The Homeric Odyssee (Oxford ^{2}1963)
G. Petzl, Antike Diskussion über die beiden Nekyiai (= Beiträge zur Klassischen Philologie 29, Meisenheim am Glan 1970)
R. Pfeiffer, Die goldene Lampe der Athene. Studi Italiani di Filologia Classica 27–28 (1956) 426–433 = Ausgewählte Schriften (München 1960) 1–7
P. Philippson, Die vorhomerische und die homerische Gestalt des Odysseus. Mus. Helv. 4 (1947) 8–22
L. G. Pocock, Odyssean Essays (Oxford 1965)
G. Ramming, Die Dienerschaft in der Odyssee (Diss. Erlangen–Nürnberg 1973)
K. Rüter, Odysseeinterpretationen. Untersuchungen zum 1. Buch und zur Phaiakis (= Hypomnemata 19, Göttingen 1969)
W. Schadewaldt, Neue Kriterien zur Odysseeanalyse: Die Wiedererkennung des Odysseus und der Penelope (1959). Hellas und Hesperien. Gesammelte Schriften zur Antike und zur neueren Literatur I (Zürich–Stuttgart ^{2}1970) 58–77
Kleiderdinge. Zur Analyse der Odyssee (1959), ebd. 79–93
Der Helios-Zorn im 12. Buch der Odyssee (1960), ebd. 93–104
Die Odyssee als Dichtung. Fortwirkende Antike (= Klassische Sprachen und Literaturen 6, München 1971) 33–58
G. Scheibner, Nachwort zur Odyssee-Übersetzung von J. H. Voss (Leipzig ^{9}1964) 299–316
S. L. Schein, Odysseus and Polyphemus in the Odyssey. Greek, Roman and Byzantine Studies 11 (1970) 73–83
H. Schwabl, Götterapparat und Kult in der Odyssee. Wien. Stud. 12 (1978) 5–28
R. Spieker, Die Beschreibung des Olympos (Hom. Od. 6, 41–47). Hermes 97 (1969) 136–161
H.-A. Stössel, Der letzte Gesang der Odyssee. Eine unitarische Gesamtinterpretation (Diss. Erlangen–Nürnberg 1975)
J. Strauss Clay, The Beginning of the Odyssey. American Journal of Philology 97 (1976) 313–326
Ch. H. Taylor Jr. (Hg.), Essays in the Odyssey (Bloomington 1963)
A. Thornton, People and Themes in Homer's Odyssey (London 1970)
P. Von der Mühll, Odyssee. Realencyclopädie der class. Altertumswiss. Suppl. 7 (1940) 696–768 = Ausgewählte Schriften (Basel 1975) 27–121
U. von Wilamowitz-Moellendorff, Die Heimkehr des Odysseus (Berlin 1927)
W. J. Woodhouse, The Composition of Homer's Odyssey (Oxford 1930/1969)

6. Homerische Hymnen, Epischer Kyklos usw.

E. Bethe, Der troische Epenkreis (= Homer. Dichtung und Sage II 2 [Leipzig ^{2}1929] 149–297 = Libelli 157, Darmstadt 1966)
E. Bickermann, Love Story in the Homeric Hymn to Aphrodite. Athenaeum 54 (1976) 229–254
M. Forderer, Zum homerischen Margites (Amsterdam 1960)
Anfang und Ende der abendländischen Lyrik. Untersuchungen zum homerischen Apollonhymnus und zu Anise Koltz (Amsterdam 1971)
H. Görgemanns, Rhetorik und Poetik im homerischen Hermeshymnus. Studien zum antiken Epos (= Beiträge zur Klassischen Philologie 72, Meisenheim am Glan 1976) 113–128
M. H. Jameson, The Homeric Hymn to Demeter. Athenaeum 54 (1976) 441–446
L. H. Lenz, Der homerische Aphroditehymnus und die Aristie des Aineias in der Ilias (Diss. Frankfurt a. M. 1971/Bonn 1975)

L. Radermacher, Der homerische Hermeshymnus (Wien 1931)
K. Reinhardt, Zum homerischen Aphrodite-Hymnus. Festschrift B. Snell (München 1956) 1–14
N. J. Richardson, The Homeric Hymn to Demeter (Oxford 1974)
H. Schwabl, Der homerische Hymnus auf Pan. Wien. Stud. 3 (1969) 5–14
F. Solmsen, Zur Theologie im großen Aphrodite-Hymnus. Hermes 88 (1960) 1–13
W. Unte, Studien zum homerischen Apollonhymnus (Diss. Berlin 1968)

7. Mythos, Religion, Theologie

H. Bannert, Zur Vogelgestalt der Götter bei Homer. Wien. Stud. 12 (1978) 29–42
Th. Beckmann, Das Gebet bei Homer (Diss. Würzburg 1932)
W. Bröcker, Theologie der Ilias (Frankfurt a. M. 1975)
F. Buffière, Les mythes d'Homère et la pensée grecque (Paris 1956)
P. Chantraine, Le divin et les dieux chez Homère. Entretiens de la Fondation Hardt 1 (1954) 47–94
L. L. Clader, Helen. The Evolution from Divine to Heroic in Greek Epic Tradition (= Mnemosyne Suppl. 42, Leiden 1976)
J. Clay, Demas and Aude: The Nature of Divine Transformation in Homer. Hermes 102 (1974) 129–136
B. C. Dietrich, The Origins of Greek Religion (Berlin–New York 1974)
F. Dirlmeier, Die Vogelgestalt homerischer Götter (= Sitzungsberichte der Heidelberger Akad. d. Wiss., phil.-hist. Kl. 1967/2, Heidelberg 1967)
E. R. Dodds, The Greeks and the Irrational (Berkeley 1951); deutsch: Die Griechen und das Irrationale (Darmstadt 1970)
W. Fauth, Zur Typologie mythischer Metamorphosen in der homerischen Dichtung. Poetica 7 (1975) 235–268
P. Friedländer, Lachende Götter. Die Antike 10 (1934) 209–226 = Studien zur antiken Literatur und Kunst (Berlin 1969) 3–18
H. Herter, Hermes. Ursprung und Wesen eines griechischen Gottes. Rhein. Mus. 119 (1976) 193–241
A. Heubeck, Die homerische Göttersprache. Würzburger Jahrbücher 4 (1949–1950) 197–218
W. Hofmann, Die Götter, ihre Funktionen und Epitheta bei Hesiod und Homer. Wissenschaftliche Zeitschr. Leipzig 5 (1955–1956) 23–41
J. Irmscher, Götterzorn bei Homer (Leipzig 1950)
J. Th. Kakridis, Probleme der griechischen Heldensage. Poetica 5 (1972) 152–163
W. Kraus, Götter und Menschen bei Homer. Wiener Humanistische Blätter 18 (1976) 20–32
J. Kube, Homerische Theologie als Vorstufe einer Wissenschaft von der Natur. Dialogos. Festschrift für H. Patzer (Wiesbaden 1975) 1–11
W. Kullmann, Das Wirken der Götter in der Ilias. Untersuchungen zur Frage der Entstehung des homerischen «Götterapparats» (Berlin 1956)
A. Lesky, Göttliche und menschliche Motivation im homerischen Epos (= Sitzungsberichte der Heidelberger Akad. d. Wiss., phil.-hist. Kl. 1961/4, Heidelberg 1961)
P. Lévêque, Aurea catena Homeri. Une étude sur l'allégorie grecque (= Annales littéraires de l'Univ. de Besançon 27, Paris 1959)
H. Lloyd-Jones, The Justice of Zeus (Berkeley–Los Angeles 1971)
C. F. Naegelsbach, Die homerische Theologie in ihrem Zusammenhange dargestellt (Nürnberg 1840)
M. P. Nilsson, The Minoan-Mycenean Religion and its Survival in Greek Religion (Lund ^{2}1950/1968)

Geschichte der griechischen Religion I: Die Religion Griechenlands bis auf die griechische Weltherrschaft (= Handbuch der Altertumswissenschaft V 2,1, München ³1967)
W. F. Otto, Die Götter Griechenlands. Das Bild des Göttlichen im Spiegel des griechischen Geistes (Frankfurt a. M. ⁴1956)
G. A. Privitera, Dioniso in Omero e nella poesia greca arcaica (= Filologia e Critica 6, Rom 1970)
K. Schefold, Myth and Legend in Early Greek Art (New York 1966)
A. Schnaufer, Frühgriechischer Totenglaube. Untersuchungen zum Totenglauben der mykenischen und homerischen Zeit (= Spudasmata 20, Hildesheim 1969)
H. Schrade, Götter und Menschen Homers (Stuttgart 1952)
A. Severyns, Les dieux d'Homère (Paris 1966)
E. Simon, Die Götter der Griechen (München 1969)
B. Snell, Göttliche und menschliche Motivation im homerischen Epos. Argumentationes, Festschrift für J. König (Göttingen 1964) 249–255 = Gesammelte Schriften (Göttingen 1966) 55–61
H. Spiess, Probleme aus der Welt des Wunderbaren in Homers Ilias. Neue Jahrbücher 5 (1929) 395–417
H. Stockinger, Die Vorzeichen im homerischen Epos. Ihre Typik und ihre Bedeutung (St. Ottilien 1959)
O. Tsagarakis, Nature and Background of Major Concepts of Divine Power in Homer (Amsterdam 1977)
H. Walter, Griechische Götter (München 1971)

8. Recht, Politik und Gesellschaft

S. Deger, Herrschaftsformen bei Homer (Wien 1970)
M. I. Finley, The World of Odysseus (New York ²1965); deutsch: Die Welt des Odysseus (Darmstadt 1968)
M. Gagarin, Dike in Archaic Greek Thought. Classical Philology 69 (1974) 186–197
F. Gschnitzer, Stadt und Stamm bei Homer. Chiron 1 (1971) 1–17
Politische Leidenschaft im homerischen Epos. Studien zum antiken Epos (= Beiträge zur Klassischen Philologie 72, Meisenheim am Glan 1976) 1–21
R. Köstler, Homerisches Recht (Wien 1950)
A. Primmer, Homerische Gerichtsszenen. Wien. Stud. 4 (1970) 5–13
P. W. Rose, Class ambivalence in the Odyssey. Historia 24 (1975) 129–149
A. M. Snodgrass, An Historical Homeric Society? Journal of Hellenic Studies 94 (1974) 114–125
G. J. Stagakis, Studies in the Homeric Society (= Historia-Einzelschriften 26, Wiesbaden 1975)
H. Strasburger, Der soziologische Aspekt der homerischen Epen. Gymnasium 60 (1953) 97–114
Der Einzelne und die Gemeinschaft im Denken der Griechen. Historische Zeitschr. 177 (1954) 227–248

9. Geographie – Geographische Probleme – Lokalisierungsversuche

K. Bartholomäus, Odysseus kam bis Helgoland. Bild der Wissenschaft 1 (1977) 54–65
E. Bradford, Reisen mit Homer. Die wiederentdeckten Inseln, Küsten und Meere der Odyssee (Bern–München 1964)
W. Dörpfeld, Alt-Ithaka. Ein Beitrag zur homerischen Frage (Berlin 1927)

R. Hennig, Die Geographie des homerischen Epos (Leipzig 1934)
D. Mülder, Ithaka nach der Odyssee. Rhein. Mus. 80 (1931) 1–35
A. Pherentinou, Anaskópēsē tôn archaiologikôn ereunôn stē̂n Ithákē. Kephallēniaka Chrónika 1 (1976) 95–110 (Zusammenstellung der archäologischen Funde auf Ithaka)
H. H. und A. Wolf, Der Weg des Odysseus. Tunis–Malta–Italien in den Augen Homers (Tübingen 1968)

10. Historischer Hintergrund

V. Georgiev – J. Irmscher (Hg.), Minoica und Homer. Eine Aufsatzsammlung (= Deutsche Akad. d. Wiss., Schriften der Sektion für Altertumswiss. 29, Berlin 1961)
F. Hampl, Die Ilias ist kein Geschichtsbuch (= Innsbrucker Beiträge zur Kulturwiss. 7–8, Innsbruck 1961) 37–63 = Geschichte als kritische Wissenschaft 2: Althistorische Kontroversen zu Mythos und Geschichte ed. I. Weiler (Darmstadt 1975) 51–99
E. Meyer, Gab es ein Troja? Grazer Beiträge 4 (1975) 155–169
M. P. Nilsson, Homer and Mycenae (London 1933)
D. L. Page, History and the Homeric Iliad (Berkeley ^{2}1963)
W. Schadewaldt, Zur Geschichtlichkeit des Troischen Krieges (1969). Hellas und Hesperien I^{2} (1970) 38–42
H. Strasburger, Homer und die Geschichtsschreibung (= Sitzungsberichte d. Heidelberger Akad. d. Wiss., phil.-hist. Kl. 1972/1, Heidelberg 1972)
T. B. L. Webster, From Mycenae to Homer (London 1958)

11. Realien

E. Buchholz, Die homerischen Realien, 3 Bde. (Leipzig 1871–1884)
O. Körner, Die homerische Tierwelt (München ^{2}1930)
E. Miraux, La vie quotidienne au temps d'Homère (Paris 1954); deutsch: So lebten die Griechen zur Zeit Homers (Stuttgart 1956)
A. Pope, Die Gymnastik bei Homer (Diss. Rostock 1936)
E. S. Stamatis, The Mathematics of Homer. History of Mathematics (Athen 1970) 3–4

12. Archäologie

Archaeologia Homerica. Die Denkmäler und das frühgriechische Epos ed. F. Matz – H.-G. Buchholz (Berlin 1967f) – Bisher erschienen: Lfg. A/B: S. Marinatos, Kleidung. Haar- und Barttracht (1967); C: E. Bielefeld, Schmuck (1968); E 1: H.-G. Buchholz – J. Wiesner, Kriegswesen, Teil 1: Schutzwaffen und Wehrbauten. Mit Beiträgen von H. und J. Borchhardt, H. Brandenburg, H. W. Catling, Sp. Iakovides (1977); F: J. Wiesner, Fahren und Reiten (1968); G: D. Gray, Seewesen. Mit einem Anhang von S. Marinatos, Das Schiffsfresko von Akrotiri (1974); H: W. Richter, Die Landwirtschaft im homerischen Zeitalter. Mit einem Anhang von W. Schiering, Landwirtschaftliche Geräte (1968); J: H.-G. Buchholz – G. Jöhrens – I. Maull, Jagd und Fischfang (1973); K: R. J. Forbes, Bergbau, Steinbruchtätigkeit und Hüttenwesen (1967); L 1: F. Eckstein, Handwerk, Teil 1: Die Aussagen des frühgriechischen Epos (1974); N 1: Bildkunst, Teil 1: K. Fittschen, Der Schild des Achilleus (1973); O: H. Drerup, Griechische Baukunst in geometrischer Zeit (1969); P: S. Laser, Hausrat (1968); Q: G. Bruns, Küchenwesen und Mahlzeit (1970); U: M. Wegner, Musik und Tanz (1968); V: E. Townsend Vermeule, Götterkult (1974); W: M. Andronikos, Totenkult (1968)

J. BÉRARD, Le plan du palais d'Ulysse d'après l'Odyssée. Revue des études Greques 67 (1954) 1–34
J. BORCHHARDT, Homerische Helme. Helmformen der Ägäis in ihren Beziehungen zu orientalischen und europäischen Helmen in der Bronze- und frühen Eisenzeit (Mainz 1972)
J. BOUZEK, Homerisches Griechenland im Lichte der archäologischen Quellen (= Acta univ. Carolinae Phil. et Hist. monographia 29, Amsterdam 1969)
F. BROMMER, Gefäßformen bei Homer. Hermes 77 (1942) 356–373
J. L. CASKEY, Archaeology and the Trojan War. Journal of Hellenic Studies 84 (1964) 9–11
V. R. D'A. DESBOROUGH, The Greek Dark Ages (London 1972)
K. FRIIS JOHANSEN, The Iliad in Early Greek Art (Kopenhagen 1967)
D. H. F. GRAY, Houses in the Odyssey. Classical Quarterly 5 (1955) 1–12
P.A.L. GREENHALGH, Early Greek Warfare: Horsemen and Chariots in the Homeric and Archaic Ages (New York–London 1973)
R. HAMPE, Die Gleichnisse Homers und die Bildkunst seiner Zeit (Tübingen 1952)
Die homerische Welt im Lichte der neuesten Ausgrabungen. Gymnasium 63 (1956) 1–57
W. HELBIG, Das homerische Epos aus den Denkmälern erläutert. Archäologische Untersuchungen (Leipzig ^{2}1887)
ST. HILLER, Die Explosion des Vulkans von Thera. Gymnasium 82 (1975) 32–74
N. HIMMELMANN, Über die bildende Kunst in der homerischen Gesellschaft (Mainz 1969)
J. H. JONGKEES – W. J. VERDENIUS, Platenatlas bij Homerus (Haarlem 1955)
H. L. LORIMER, Homer and the Monuments (London 1950)
J. V. LUCE, Archäologie auf den Spuren Homers (Bergisch Gladbach 1975)
F. NOACK, Homerische Paläste. Eine Studie zu den Denkmälern und zum Epos (Leipzig 1903)
G. DE ROTON, Homère. L'Iliade illustré par la céramique grecque (Bordeaux 1950)
K. SCHEFOLD, Archäologisches zum Stil Homers. Mus. Helv. 19 (1962) 132–144
A. M. SNODGRASS, The Dark Age of Greece. An Archaeological Study of the 11th to 8th Century B. C. (Edinburgh 1971)
O. TOUCHEFEU-MEYNIER, Thèmes odysséens dans l'art antique (Paris 1969)
E. ZWIERLEIN-DIEHL, Gemmen mit ungedeuteten Szenen aus dem griechischen Epos. Studien zum antiken Epos (= Beiträge zur Klassischen Philologie 72, Meisenheim am Glan 1976) 22–31

13. Sprache, Metrik

P. CHANTRAINE, Grammaire homérique, 2 Bde. (Paris I: ^{3}1958, II: ^{2}1963)
Conséquences du déchiffrement du mycénien pour la philologie homérique. Athenaeum 36 (1958) 314–327
A. M. DEVINE – L. STEPHENS, The Homeric Hexameter and a Basic Principle of Metrical Theory. Classical Philology 71 (1976) 141–163
A. DIHLE, Die Inschrift auf dem Nestor-Becher aus Ischia. Hermes 97 (1969) 257–261
H. FRÄNKEL, Der kallimacheische und der homerische Hexameter. Wege und Formen frühgriechischen Denkens (München ^{2}1960) 100–156
J. C. HOGAN, Double prín and the Language of Achilles. Classical Journal 71 (1976) 305–310
P. KRETSCHMER, Penelope. Anzeiger der Akad. der. Wiss. Wien 82 (1945) 80–93
J. LATACZ, Zum Wortfeld «Freude» in der Sprache Homers (Heidelberg 1966)
M. LEUMANN, Homerische Wörter (= Schweizerische Beiträge zur Altertumswiss. 3, Basel 1950)
K. MEISTER, Die homerische Kunstsprache (Leipzig 1921/1966)

H. Mühlestein, Redende Personennamen bei Homer. Studi Micenei ed Egeo-Anatolici 9 (1969) 67–94
L. C. Muellner, The Meaning of eúchomai Through Its Formulas (= Innsbrucker Beiträge zur Sprachwiss. 13, Innsbruck 1976)
A. A. Parry, Blameless Aegisthus. A Study of amýmōn and other Homeric Epithets (= Mnemosyne Suppl. 26, Leiden 1973)
E. Risch, Wortbildung der homerischen Sprache (Berlin ²1974)
K. Rüter – K. Mathiessen, Zum Nestorbecher von Pithekussai. Zeitschr. für Papyrologie und Epigraphik 2 (1968) 231–255
A. Scherer, Nichtgriechische Personennamen der Ilias. Studien zum antiken Epos (= Beiträge zur Klassischen Philologie 72, Meisenheim am Glan 1976) 32–45
G. P. Shipp, Studies in the Language of Homer (Cambridge ²1972)
M. van Strien-Gerritsen, De homerische composita (Assen 1973)
J. Wackernagel, Sprachliche Untersuchungen zu Homer (Göttingen 1916/1970)
W. F. Wyatt Jr., Metrical Lengthening in Homer (= Incunabula Graeca 35, Rom 1969)

14. Oral poetry

F. Dirlmeier, Das serbokroatische Heldenlied und Homer (= Sitzungsberichte der Heidelberger Akad. d. Wiss., phil.-hist. Kl. 1971/1, Heidelberg 1971)
J. B. Hainsworth, The Flexibility of the Homeric Formula (Oxford 1968)
O. Holzapfel, Homer – Nibelungenlied – Novalis. Zur Diskussion um die Formelhaftigkeit epischer Sprache. Fabula 15 (1974) 34–46
J. de Hoz, Poesía oral independiente de Homero en Hesíodo y los himnos homéricos. Emerita 32 (1964) 283–298
G. S. Kirk, Homer and the Oral Tradition (Cambridge 1976)
A. Lesky, Mündlichkeit und Schriftlichkeit im homerischen Epos (1954). Gesammelte Schriften (Bern–München 1966) 63–71
A. B. Lord, The Singer of Tales (Cambridge, Mass. 1960); deutsch: Der Sänger erzählt, wie ein Lied entsteht (München 1965)
M. N. Nagler, Spontaneity and Tradition. A Study in the Oral Art of Homer (Berkeley 1974)
J. A. Notopoulos, Homer and Cretan Heroic Poetry. A Study in Comparative Oral Poetry. American Journal of Philology 73 (1952) 225–250
M. Parry, The Making of Homeric Verse. The Collected Papers of Milman Parry ed. A. Parry (Oxford 1971)
W. C. Scott, The Oral Nature of the Homeric Simile (= Mnemosyne Suppl. 28, Leiden 1974)
W. Whallon, Formula, Character, and Context. Studies in Homeric, Old English, and Old Testament Poetry (Washington, D. C.–Cambridge, Mass. 1969)

15. Märchen und Volkserzählung in den homerischen Gedichten

R. Carpenter, Folk Tale, Fiction and Saga in the Homeric Epics (Berkeley–Los Angeles ²1956)
W. F. Hansen, Odysseus' Last Journey. Quaderni Urbinati 24 (1977) 27–48
D. Page, Folktales in Homer's Odyssey (Cambridge, Mass. 1973)
L. Radermacher, Die Erzählungen der Odyssee (Wien 1915)
K. Reinhardt, Die Abenteuer der Odyssee (1942). Von Werken und Formen (Godesberg 1948) 52–162 = Tradition und Geist (Göttingen 1960) 47–124
J. Tolstoi, Einige Märchenparallelen zur Heimkehr des Odysseus. Philologus 89 (1934) 261–274

16. Homer – Biographie und Legende

R. Boehringer, Homer. Platon (Düsseldorf–München ²1974)
M. Durante, Il nome di Omero. Rendiconti dell'Academia dei Lincei 12 (1957) 94–111
R. Dyer, The Blind Bard of Chios (Hymn. Hom. Ap. 171–176). Classical Philology 70 (1975) 119–121
K. Hess, Der Agon zwischen Homer und Hesiod. Seine Entstehung und kulturgeschichtliche Stellung (Diss. Zürich 1960, ersch. Winterthur o. J.)
F. Marx, Die Überlieferung über die Persönlichkeit Homers. Rhein. Mus. 74 (1925) 395–431
F. Nietzsche, Der Florentinische Tractat über Homer und Hesiod, ihr Geschlecht und ihren Wettkampf. Rhein. Mus. 25 (1870) 528–540 und 28 (1873) 211–249 = Werke 17: Philologica 1 ed. E. Holzer (Leipzig 1910) 215–276
W. Schadewaldt, Legende von Homer, dem fahrenden Sänger (Zürich ²1959)
O. Tsagarakis, Homer and the Daskalopetra of Chios. Gymnasium 83 (1976) 324–333
E. Vogt, Die Schrift vom Wettkampf Homers und Hesiods. Rhein. Mus. 102 (1959) 193–221
U. von Wilamowitz-Moellendorff, Homer, der fahrende Dichter. Reden und Vorträge 1 (Dublin–Zürich ⁵1967) 83–102

17. Homer im Unterricht

A. Klinz, Homerlektüre auf der Oberstufe. Der altsprachl. Unterricht 5/1 (1961) 5–20
Interpretation von Homer Ilias Buch XVIII, ebd. 44–50
K. Kost, Ilias als Ganzschrift im Unterricht. Gymnasium 82 (1975) 74–90
H. Kummer, Die Iliaslektüre. Erfahrungen und Wünsche. Der altsprachl. Unterr. 5/1 (1961) 21–43
F. Muthmann, Interpretation der Kyklopie in der Obersekunda. Der altsprachl. Unterr. 8/3 (1965) 40–56
O. Schönberger, Zu welchem Ende liest man Homers Odyssee? Gegenwart der Antike (München 1974) 64–82
H. Schwabl, Beispiele und Gedanken zur Ilias-Lektüre. Beiträge zur Lehrerfortbildung 8: Klassische Philologie (Wien 1973) 121–143
R. Spieker, Die Begegnung zwischen Odysseus und Elpenor. Der altsprachl. Unterr. 8/3 (1965) 57–80
H. Storch, Die Behandlung der homerischen Nekyia auf der Obersekunda. Der altsprachl. Unterr. 5/1 (1961) 65–88
F. Walsdorff, Odysseus bei Polyphem. Der altsprachl. Unterr. 8/3 (1965) 15–39

18. Nachwirkung: Antike – Moderne, Homer-Kritik

Th. M. Andersson, Early Epic Scenery. Homer, Virgil, and the Medieval Legacy (Ithaca–London 1976)
H. V. Apfel, Homeric Criticism in Antiquity (Gloucester, Mass. 1934/1961)
D. Babut, Xénophane critique des poètes. L'Antiquité classique 43 (1974) 83–117
Th. Bleicher, Homer in der deutschen Literatur (1450–1740) (= Germanistische Abhandlungen 39, Stuttgart 1972)
C. S. Brown, Homer and Heine: The Use of a Literary Experience. Classical Journal 69 (1973–1974) 331–339
H. W. Eppelsheimer, Homer – Ein Originalgenie (Fulda 1948)
G. Finsler, Homer in der Neuzeit von Dante bis Goethe. Italien, Frankreich,

England, Deutschland (Leipzig 1912)
D. M. FOERSTER, Homer in English Criticism (Oxford 1947)
G. GLOCKMANN, Homer in der frühchristlichen Literatur bis Justinus (= Texte und Untersuchungen zur Gesch. der altchristl. Literatur 105, Berlin 1968)
C. H. GORDON, Homer and Bible. The Origin and Character of East Mediterranean Literature. Hebrew Union Annual 26 (1955) 43–108
G. HAENTZSCHEL, Johann Heinrich Voß. Seine Homer-Übersetzung als sprachschöpferische Leistung (= Zetemata 68, München 1977)
J. C. HOGAN, Aristotle's Criticism of Homer in the Poetics. Classical Philology 68 (1973) 95–108
M. ITES, Ilias und Evangelium. Göttliches Wort und göttliches Sein nach der Ilias und im Evangelium, 2 Bde. (Münster/Westf. 1955)
H. JUHNKE, Homerisches in römischer Epik flavischer Zeit (= Zetemata 53, München 1972)
J. F. KINDSTRAND, Homer in der Zweiten Sophistik (= Acta Universitatis Upsaliensis, Studia Graeca Upsaliensia 7, Uppsala 1973)
G. N. KNAUER, Vergil's Aeneid and Homer. Greek, Roman and Byzantine Studies 5 (1964) 61–84
R. MATZIG, Odysseus. Studien zu antiken Stoffen in der modernen Literatur, besonders im Drama (St. Gallen 1950)
J. L. MYRES, Homer and his Critics, ed. by D. H. F. Gray (Oxford 1958)
H. NEITZEL, Homer-Rezeption bei Hesiod. Interpretation ausgewählter Passagen (= Abhandlungen zur Kunst-, Musik- und Literaturwiss. 189, Bonn 1975)
K. NICKAU, Untersuchungen zur textkritischen Methode des Zenodotos von Epheseos (= Untersuchungen zur antiken Literatur und Geschichte 16, Berlin 1977)
W. F. OTTO, Der europäische Geist und die Weisheit des Ostens. Gedanken über das Erbe Homers (= Wissenschaft und Gegenwart 6, Frankfurt a. M. 1934)
A. RONCONI, Interpreti Latini di Omero (= Lezioni «Augusto Rostagni» 7, Turin 1973)
D. M. SCHENKEVELD, Aristarchus and Hómēros philótechnos. Mnemosyne 4/23 (1970) 162–178
Strabo on Homer. Mnemosyne 4/29 (1976) 52–64
R. R. SCHLUNK, The Homeric Scholia and the Aeneid. A Study on the Influence of Ancient Homeric Literary Criticism on Vergil (Ann Arbor 1974)
K.-H. SCHROEDER, Die Geschichte vom trojanischen Krieg in der älteren rumänischen Literatur. (München 1976)
A. SCHROETER, Geschichte der deutschen Homer-Übersetzung im 18. Jahrhundert (Jena 1882)
A. D. SKIADAS, Homer im griechischen Epigramm (= Griech. Humanist. Gesellschaft. Zentrum f. klass. Studien 2: Studien und Untersuchungen 4, Athen 1965)
W. B. STANFORD, The Ulysses Theme. A Study in the Adaptability of a Traditional Hero (Oxford 1954)
G. STEINER – R. FAGLES (Hg.), Homer. A Collection of Critical Essays (Englewood Cliffs, N. J. 1962)
G. J. DE VRIES, Homer und das Nibelungenlied. Archiv f. Kulturgesch. 38 (1956) 1–19
F. WEHRLI, Zur Geschichte der allegorischen Deutung Homers im Altertum (Leipzig 1928)
S. WEINSTOCK, Die platonische Homerkritik und ihre Nachwirkungen. Philologus 82 (1927) 121–153
M. J. WOLFF, Der Lügner Homer. Germanisch-Romanische Monatsschrift 20 (1932) 53–65
H.-J. ZIMMERMANN, Hugh Selwyn Mauberley, der säkularisierte Odysseus. Zur Metamorphose des Epos bei Ezra Pound. Studien zum antiken Epos (= Beiträge zur Klassischen Philologie 72, Meisenheim am Glan 1976) 66–84

Namenregister

Die kursiv gesetzten Zahlen bezeichnen die Abbildungen

Über den Autor

Herbert Bannert, geboren 1950 in Wien, Dr. phil. 1973, studierte in Wien Klassische Philologie, Alte Geschichte, Klassische Archäologie und Antike Numismatik. Studien zu den Auswirkungen der kulturellen Beziehungen zwischen Griechen und Kelten in Gallien sowie zu Fragen der Romanisation der keltischen Länder (unter Einbeziehung der Münzquellen) fanden ihren Niederschlag unter anderem in einer Reihe von Aufsätzen sowie in Beiträgen für Pauly-Wissowas Realencyclopädie der classischen Altertumswissenschaft (Supplement-Band XV). Außer mit Homer und den Problemen des Epos beschäftigt sich der Autor, seit 1974 Assistent und Lektor am Institut für Klassische Philologie der Universität Wien, vorwiegend mit Themen der griechischen Religion und Mythologie.

Quellennachweis der Abbildungen

Bildarchiv der Österreichischen Nationalbibliothek, Wien: 39, 44 / Institut für Alte Geschichte und Klassische Archäologie der Universität Wien: 22, 57, 91, 119, 120–121, 123, 126 / Institut für Numismatik der Universität Wien: 99 / Photo Deutsches Archäologisches Institut Athen: 24, 75 / Aus: R. und E. Boehringer, Homer. Bildnisse und Nachweise I: Rundwerke (Breslau 1939): 6, 17, 27, 35, 36, 53, 54, 117, 131 / Aus: Homère, L'Iliade illustrée par la céramique Grècque. Dessins de Notor (Vte de Roton) (Bordeaux 1951): 19, 108–109, 128; ders., L'Odyssée (ebd. 1951): 64 / Photo Ekdotikē Athenōn S. A., Athen: 23 / Photo Museo Nazionale Etrusco di Villa Giulia, Rom: 33 / Prof. M. Hirmer, München: 79, 81, 83, 86 oben, 95, 101, 107, 113 / Nikos Kontos: 18, 50, 111 / Le Brun: 102 / Schneiders: 92–93 / Makis Skiadaresis: 87 / Swiridoff, Schwäbisch Hall: 43 / J. Tietz-Glagow: 73 / Spyros Tsavdaroglou: 52